口述孔繁森资料研究系列丛书

WOXINZHONG DE KONGFANSEN

主编／王巍

我心中的孔繁森

——口述孔繁森采访实录

阿／里／编

A LI BIAN

山东人民出版社·济南
国家一级出版社 全国百佳图书出版单位

图书在版编目（CIP）数据

我心中的孔繁森：口述孔繁森采访实录．阿里编/王巍主编．-- 济南：山东人民出版社，2022.12
ISBN 978-7-209-14051-5

Ⅰ.①我… Ⅱ.①王… Ⅲ.①孔繁森（1944—1994）—先进事迹 Ⅳ.①D263

中国版本图书馆 CIP 数据核字（2022）第 232832 号

我心中的孔繁森：口述孔繁森采访实录·阿里编
WO XINZHONG DE KONGFANSEN：KOUSHU KONGFANSEN CAIFANG SHILU·ALIBIAN
王 巍 主编

主管单位 山东出版传媒股份有限公司
出版发行 山东人民出版社
出 版 人 胡长青
社 址 济南市市中区舜耕路 517 号
邮 编 250003
电 话 总编室（0531）82098914
市场部（0531）82098027
网 址 http：//www.sd-book.com.cn
印 装 济南新先锋彩印有限公司
经 销 新华书店

规 格 16 开（169mm×239mm）
印 张 15 插页 4
字 数 180 千字
版 次 2022 年 12 月第 1 版
印 次 2022 年 12 月第 1 次
ISBN 978-7-209-14051-5
定 价 35.00 元

欣欣向荣的今日阿里

阿里地委驻地——狮泉河镇

阿里博物馆

狮泉河镇象雄文化广场

阿里地区易地扶贫搬迁的首个重要工程：康乐新居

阿里昆莎机场

全国民族团结进步创建示范学校、第三批全国中小学中华优秀传统文化传承学校——西藏阿里陕西实验学校

北半球最佳的天文观测站之一——阿里天文台科普站

阿里狮泉河光伏电站

封面照片、彩插照片摄影者：普索朗，阿里报社副社长，阿里地区摄影家协会副主席。

序　永远学习孔繁森

王克玉

《我心中的孔繁森——口述孔繁森采访实录·阿里编》付梓在即，我有幸读到书稿，爱不释手。那熟悉且尊敬的口述者，所真情的述说，被集结在一起，更能加倍地打动人。这让我一次次地热泪盈眶，把我带回到和孔繁森同志有关的往事之中。我再次强烈地感受到，孔繁森的光辉业绩和高尚人格，永远值得我们学习和怀念。

他积极向上。我与孔繁森相识于1971年，后同在聊城地委宣传部工作。他任副部长，我任理论教育科副科长。1975年，我们还曾一起在同一乡镇蹲点。他风华正茂、襟怀坦荡、爱好广泛、积极向上。无论对谁，他总是一副热心肠；无论做什么工作，他总是争先进。他经常讲："我们拿着国家的工资，等于人民养着我们。如果干不好工作，别说对不起人民，连自己也对不起。"我想，这应是他积极向上的动力。在乡镇蹲点时，他悄悄地对我说：“我常想到祖国的边疆工作，就是牺牲也在所不惜。”当时，我感到话出突然。直到四年后，他第一次进藏，行前让人写下“是七尺男儿生能舍己，作千秋鬼雄死不还乡”的对联时，我才恍然大悟，这不正是他积极向上的不懈追求吗？其实早在1966年，他就在入党申请书中写道：“为了人民为了党，上刀山入火海，自己也再（在）所不辞、甘心情愿。”我常常想，繁森同志年轻时，身上值得他人学习的地方很多，但最为突出的莫过于他积极向上的人生追求、志在报国的伟大抱负。

他努力向廉。繁森同志家居农村，爱人没有工作，上有老下有小，生活拮据，家庭负担很重。但他却常常用自己的工资购买礼品，去看病号、老人，还不时救济临时遇到困难的人。这是我们都知道的千真万确的事实。我们内心里经常为他发愁，担心他入不敷出。然而，谁能想到？他竟然悄悄地到西藏军区总医院，以“洛珠”的名义三次献血共计900毫升，换取900元献血营养费。原来这就是他解决经济困难的办法。因此，在最后整理繁森同志的遗物时，只能找到八元六角钱。孔繁森终生践行清正廉洁，达到如此程度，谁能不深受感动？方志敏烈士在狱中写的名篇《清贫》，被视为党的传家宝，教育着我们一代又一代的共产党人。孔繁森同志这种追求清正廉洁的精神也永远激励着我们。

他一心向善。孔繁森在日记中写道："一个人爱的最高境界是爱别人，一个共产党员爱的最高境界是爱人民。"言为心声，这是他内心的真实写照，也是他毕生的追求。繁森同志两次进藏，历时十载，他始终做到视藏族老人如父母，视藏族孩子为儿女。他多次为藏族老人暖脚、吸痰、掏腰包，特别是在拉萨地震灾区收养了两个藏族孤儿，精心培养。孔繁森同志自觉而艰难的付出，常人难以想象。细微之处，见大善大爱之光。繁森同志用一颗至诚的赤子之心，完美诠释了共产党人全心全意为人民服务的宗旨。

他重在向实。我读这本书的最大收获，就是更直观地看到了繁森在阿里究竟是怎样干工作的。同时，他务实肯干的工作作风在大家的口述中得到充分印证。原来他就是"撸起袖子加油干"的模范典型。他常常身背医疗箱，走到哪就把医疗箱带到哪，为农牧民听诊把脉，发药打针。这些看起来都是小事，但能产生温暖民心、促进民族团结的奇效。他不畏苦、难、艰、险，在平均海拔 4500 米以上的"生命禁区"，在比两个山东省还大的范围内，在不到两年的时间里跑遍了全地区 106 个乡中的 98 个，行程 8 万多公里。他对阿里交通、能源发展，他对农区、牧区、农牧区的总体发展，都有了好的思路，找到了逐步解决问题的方法。他遭遇车祸的 4 天前，还写出了关于阿里发展经济的 12 点建议。繁森同志有写日记的习惯，他去世后，面世出版的日记多达90万字。而在阿里任职不到两年的时间，竟写出日记32.4万字，占总量的36%。我不由感慨万千，繁森同志辉煌一生，阿里期间是他人生中最为灿烂的篇章。

齐鲁大地育赤子，雪域高原留英魂。28年来，孔繁森精神就像一团火焰，熊熊燃烧，炽热依旧。让我们从孔繁森精神中汲取营养和力量，在新时代、新征程的赶考路上继续勇毅前行。

（作者系山东省人大常委会原副主任）

前言　从孔繁森精神中汲取奋进力量

陈　波

1995年4月7日，《人民日报》刊发长篇通讯《领导干部的楷模——孔繁森》，并发表题为《向孔繁森同志学习》的社论。从此，孔繁森这个光辉的名字誉满中华大地，在共和国历史上矗立起一座不朽的丰碑。

聊城，是孔繁森同志的家乡。从家乡到部队，从部队返家乡，再从家乡赴西藏，孔繁森以党和人民的需要为己任，两次进藏、历时十年，满怀热血、踏险履艰，一腔热血洒高原、耿耿忠心照雪山，用生命践行了“一个共产党员爱的最高境界是爱人民”的铮铮誓言，生动诠释了中国共产党人的坚强党性、拼搏精神、公仆情怀、高尚品德和优良作风。

伟大事业需要榜样的引领，伟大时代需要精神的传承。习近平总书记曾指出：“像孔繁森、郑培民、牛玉儒、王瑛、沈浩等众多优秀干部，站在党和人民的立场上，焕发出积极进取、顽强拼搏的奋斗精神，为党和人民事业无私贡献了自己的一切。他们牢固树立和忠诚实践正确的世界观权力观事业观，言行一致地回答了什么是共产党员人生最高追求和最大价值这个根本问题。”[①] 孔繁森同志的事迹体现出强烈的时代特色，生动诠释了中国共产党人为党和人民的事业生命不息奋斗不止的理想追求。2021 年，孔繁森精神被纳入中国共产党人精神谱系第一批伟大精神，化作激励我们矢志不渝、砥砺奋斗的光辉旗帜，成为推动我们担当作为、逐梦前行的强大力量。

作为孔繁森同志的家乡及孔繁森精神的发源地，传承、弘扬、践行孔繁森精神，聊城一直在路上，义不容辞，勇毅前行。近年来，聊城市持续深入挖掘孔繁森精神的丰富内涵和时代价值，传承红色基因，赓续精神血脉，为开创全市高质量发展新局面提供了不竭的精神动力。

——深挖价值内涵。组织专家团队精心编撰党性教育教材，推出《孔繁森的初心可以这样讲》《你就是山——追寻孔繁森的足迹》《跨时空对话：亲爱的孔书记》等原创书籍和剧目。成立孔繁森精神与红色文化研究院，以孔繁森精神为内核编写的爱国主义教育书籍，被列入全国首批爱国主义

① 出自 2010 年 9 月 1 日习近平总书记在中央党校秋季学期开学典礼上的讲话。

教育丛书。举办孔繁森精神研讨会，国内知名专家和相关领导等围绕“孔繁森精神与共产党人的初心使命”的主题，深刻阐述了孔繁森精神的时代价值和实践内涵，形成了一批高质量研讨成果。

——厚植精神沃土。积极整合红色资源，把孔繁森的家乡——东昌府区堂邑镇五里墩村，和孔繁森同志纪念馆两地及沿途有关的红色资源有机串联、整合起来，打造了孔繁森精神红色文化教育旅游线路，发展与红色资源、民俗资源等相关联的观光、旅游等产业，以红色资源赋能乡村发展、推进乡村振兴。

——激发奋进力量。实施深化学习“孔繁森精神”规划，建立新提拔任职干部“践行孔繁森精神”专题学习班制度，在聊城市委党校开设“传承弘扬孔繁森精神”专题课程，组织新提拔市管干部、新入职公务员，到孔繁森同志纪念馆接受一次触及灵魂的现场党性教育，上好任职到岗的“第一堂课”，让历久弥新的孔繁森精神成为培养干部、教育干部、塑造干部的生动教材，引导聊城广大干部争做新时代孔繁森精神的实践者。

2019年，山东省委组织部重点推进打造孔繁森等四个党性教育基地。聊城市委、市政府按照上级部署，在五里墩村建设了设施完善、功能齐全、风格独特的孔繁森精神教学基地。基地在整合聊城市独特资源的基础上，全力以赴挖掘好、使用好各类红色资源，构建起以孔繁森精神为主体、充分展示鲁西革命文化和优秀传统文化、富有聊城特色的红色教育品牌。

在全国上下深入学习贯彻党的二十大精神之际，孔繁森精神教学基地及孔繁森精神研究专家共同完成了《我心中的孔繁森——口述孔繁森采访实录·阿里编》一书。该书在前期采访的基础上，对丰富的口述资料进行了深度整理和加工，更全面、更立体、更有温度地诠释了孔繁森精神，为研究、学习孔繁森精神提供了新视角，为新征程上传承孔繁森精神提供了有力支持。

当前，全面建设社会主义现代化国家、全面推进中华民族伟大复兴，需要更多像孔繁森同志那样做人、做事的党员领导干部。希望《我心中的孔繁森——口述孔繁森采访实录·阿里编》一书的出版，能让人们进一步认识孔繁森、了解孔繁森、读懂孔繁森、学习孔繁森，更为深刻地理解孔繁森精神的内涵，并从中汲取精神营养，获取奋进力量，以更加饱满的精神状态迈上新征程、建功新时代，一起推动中华民族伟大复兴号巨轮乘风破浪、扬帆远航！

（作者系聊城市委常委、组织部部长）

目录

心中有党　践行使命

口述人：安七一，曾任阿里地委委员、秘书长

采访组：高杉　李建国　刘建国　李菲　赵亮亮

采访日期：2018 年 8 月 6 日

采访地点：北京中国藏学研究中心会议室

“不为群众排忧解难，不是好领导”

我跟孔繁森初识是在 1988 年，他第二次援藏担任拉萨市副市长期间。当时，我在西藏自治区团委工作，我爱人在拉萨市政府秘书科工作。有一天她下班回到家说：“又来了一批援藏干部，山东带队的干部叫孔繁森。”我听了之后，只是当作一件平常的事，并没有去想这批干部有什么特别。因为我是土生土长的西藏干部，父亲是十八军的，自己的小学、初中、大学都是在西藏念的，是“藏二代”。我只是模糊地觉得，这些援藏干部从发达地区来西藏支援建设，思想观念应该比我们新，能力应该比我们

强，所以最初对孔繁森这个人也没有刻意去了解。

对孔繁森产生比较深刻的印象，是有一天下班后，我爱人接到电话，说孔市长外出调研，会回来得比较晚，食堂没法安排饭，我们就商量着在家煮点挂面给他吃。晚上10点钟，孔繁森和两三个随行人员风尘仆仆地来了。他穿得很朴实，一件蓝衣服、一条黄军裤、一双胶鞋，戴了一顶圆毡帽。进屋后他说："原想着去食堂吃，没想到给你们添麻烦了。不用复杂，一碗面条就行。"那时候西藏也没多好的条件，我们下了一大锅挂面，开了一罐猪肉罐头，炒了盘自己种的青菜，他们很快就吃完了。孔繁森高兴地说："你家面条做得真好吃，下次有机会还来!"接着问我："你从哪来的，也是援藏的吗?"我说："不是，我和爱人都是土生土长的西藏干部。"他给我的第一印象是非常平易近人，没有一点架子。

这次见面，我感觉和他很投缘，进一步接触下来，觉得他还是一个勤政务实的好干部。他到了西藏就是想干事，而且是能干成事。内地来的援藏干部，一般到西藏都要适应一段时间，毕竟有高原反应，身体可能不舒服。但孔繁森不一样，他很快就到基层调研，迅速地进入角色。为了干好自己分管的文化、教育、卫生、民政工作，他跑敬老院、跑学校、跑救灾点，不嫌累也不怕苦，经常一走就是一个礼拜甚至十天半个月，调研得特别细。有时候他们调研回来，就到我家煮个面条，跟我们聊天，讨论所见所感，讲的都是非常具体实在的事。

孔繁森到尼木县调研，发现当地很多百姓都患有大骨节病，这种病对人体的损害很大。防疫部门怀疑当地的水有问题，需要取水样送到内地化验，找到根源，拿出具体的解决方法。水源地的海拔近5000米，一般来说，派个当地人去取样就行了，但孔书记一定要亲自去。他说："看到患病群众被病痛折磨，我心里不是滋味。不关心群众疾苦、不为群众排忧解难的领导就不是好领导，我一定促成这件事尽快解决。"他穿着球鞋，强忍着高原反应，气喘吁吁地爬上去取样。这样的举动，让我非常敬佩。

1992年，拉萨市墨竹工卡等县发生了强烈的地震，孔繁森在这场地震中收养了三个失去亲人的藏族孤儿：12岁的曲尼、7岁的曲印和5岁的贡桑。当时大家对这件事看法不一，议论纷纷。有的人觉得他太感情用事，有的人说他是为了出风头，也有的人说他心地好。有一次，他到我家来取一些闲置的被褥给孩子们用，我问他："大家都在议论你收养藏族孤儿的事，你怎么想的呀？"他说："我这个人就是看不得人可怜。开始去的时候，路过羊日岗乡，我给灾民分发了物资，吃的、喝的、住的，能解决的都解决了。我回来再路过那里时，看到三个孩子眼巴巴地望着我。车都开过去了，我又让司机返回来。走到他们家废墟前，看着孩子的眼神，我内心觉得放不下，想来想去，就把他们带回来了。"我问："你自己一个人在西藏，照顾自己还来不及，怎么养他们？"他说："城市条件总比农村好，无非就是花点钱嘛。国家给我的工资够用了。主要是，我从心里真的看不得人可怜。"

孔繁森的话很朴实，并没有豪言壮语，但他的形象，却因此更加高大伟岸了。

“咱是党的人，要听党的话”

在阿里和孔繁森成为同事以后，我对他有了更深刻的了解。1992 年，西藏自治区党委调整地市领导班子，计划选派一名阿里地委书记。由于阿里的自然、交通和社会条件非常艰苦恶劣，所以选派领导干部特别难。在拉萨有些干部中有这么一个说法，“宁可在拉萨当一辈子科员，不到阿里当一年的科长”。为什么不去，因为自然条件太艰苦了，阿里平均海拔 4500 米以上，空气中氧含量不到平原地区的一半。那时候从拉萨到阿里连柏油路都没有，都是砂石土路，而且当地经济条件落后，物价特别高。整个狮泉河镇只有一家饭馆，进了饭馆一看菜单，一份西红柿鸡蛋汤 15 块钱，一份羊肉炒辣椒 15 块钱，草草吃一顿饭都要三四十块钱，在那时，这可不是一个小数目。可以说，去阿里当领导，连吃饭都成问题。

当时自治区选拔地委书记，标准很高、很全面，要求这个人既要政治素质过硬，又能够带领阿里干部群众干成事，还得身体素质好，一般人还真干不了。西藏自治区当时选人煞费苦心，后来就找到了孔繁森。按理说，孔繁森不应该再去阿里了，一是因为他已经援藏两次，第二次援藏期届满，完全可以顺利地返回内地了。二是援藏期间，他不仅自己的工作干得很出色，作为山东援藏干部的带队队长，整个队伍也带得很好，自治区对他的评价非常高。返回内地之后，山东省委一定会对他有很好的安排。三是他家里确实有困难，上有90多岁的老母亲，下有三个孩子，全靠多病的妻子一个人照顾。

如果他把自己的困难讲出来，自治区党委一定会考虑的。但是孔繁森没有提任何意见，他说："组织定了，就服从组织决定。"其实他知道阿里的自然条件、工作环境有多艰苦，知道去那里就意味着奉献和牺牲，但是他很平静地答应了，没有什么豪言壮语，也没有唱高调。他在日记里写道："咱是党的人，要听党的话。"他心中有党，他用自己的行动践行了一个共产党员的初心。

孔繁森就这样坚定地走向了阿里高原。我们是一起接受任命的，他是地委书记，我是地委委员、秘书长。去阿里之前，西藏自治区党委组织部部长冯军找我们两人谈话，他对孔繁森说："繁森，你是两次援藏，这次组织又把你安排到阿里工作，我们希望在你的带领下，阿里能够快速改变落后的面貌。"接着对我说："你是土生土长的西藏干部，也懂藏语，要给繁森当好助手。"

之后，孔繁森和我的对话，给我留下了深刻的印象，也让我对他更加敬佩。他首先问我："七一，这次咱们一起去阿里，虽然在拉萨咱们已经很熟了，但是我想听听你有什么想法吗？"我说："目前没有，阿里我也没去过，只知道那里苦，并不知道去了做什么、怎么做。作为秘书长，我会尽全力做好服务。"他说：

“这次去阿里，地委班子里的汉族干部就咱们两人。藏族干部管咱们汉族干部叫老大哥，咱要想清楚一个问题，人家为什么管我们叫老大哥？只有咱们做好了，才配叫老大哥。所以我们要牢牢地记住，我们不仅代表个人，而且代表了所有汉族干部。如果我们不努力，党的形象就会受到损害。我们要么不去，要去，就要有老大哥的样，要有优秀共产党员的样。”

他是这样说的，也是这样做的。他把去阿里赴任的路，变成了调查民情的路。一般从拉萨到狮泉河要走三天，但是那次他走的时间特别长。阿里境内的措勤县城海拔 4700 米，改则县城海拔 4500 米，革吉县城海拔 4800 米，三个县的平均海拔都在 4700 米以上。每到一个地方，他都不顾严重的高原反应、顾不上好好休息，立刻展开调研。在带的小本子上，他密密麻麻地做了很多记录，到狮泉河的时候，一个本子都快写完了。走过这么多高海拔的路，到狮泉河至少应该先休息一下，但他立马又下去调研了。

孔繁森下乡期间与藏族孩童留影

到阿里以后，地委行署向孔书记汇报的工作，多是各种困难、问题；给他呈送最多的，不是工作方案、计划，而是40多份请调报告。因为当时阿里的条件确实太艰苦了，缺人、缺钱，连正常生活都无法保障。很多干部还面临各方面的生活问题——自己身体不好，难以照顾家里老人和孩子，等等。

孔书记彻夜考虑这些情况，他想守住这块土地，想给这里的老百姓谋利益。晚上，他对我说："七一，你也别回房间睡了，咱们节约一点焦炭。"我们就睡一张床，一人一头，在被窝里打着手电筒看材料，讨论怎么解决问题。我们聊了整整一夜，最后孔书记提出一个创新性的想法："咱们在整个地区开展一次解放思想的大调研、大讨论，找到阿里的发展优势，激发干部们内心的工作动力。要重点解决大家的认识问题、思想问题，不然干部都走了，谁来守护这块土地，谁来为这里的老百姓服务，谁来发展这里的经济呀？"

孔繁森（中）、安七一（左）到阿里噶尔县门士区（今门士乡）煤矿井下了解生产情况

在4月25日的地委行署联席会上，这个提议通过了，之后地委、行署的领导就各自带队下去调研。孔繁森身先士卒，在阿里不到两年的时间里，走了106个乡中的98个。后来，我们对调研情况进行了梳理整合，找到了阿里发展的六大优势：第一，矿产及水利资源优势。阿里有丰富的黄金、铅、锌、镁矿产以及水利资源，这些资源量在中国乃至世界都是名列前茅的，只要加以合理开发和利用，就能够推动阿里经济发展走上快车道。第二，畜牧业资源优势。阿里盛产有"软黄金"之称的山羊绒。第三，旅游资源优势。阿里有茫茫的戈壁，有广阔的草原，还有神山圣湖等，都是在内地难得一见的美景。第四，政策优势。中央对阿里的政策是非常优惠的，保障我们的财政，保证了我们的发展。第五，人口优势。阿里人口很少，这也是一大优势。只要经济发展，老百姓就能受惠，进而迅速改变地方面貌。第六，边贸优势。阿里位于我国西南边陲，可以和新疆联合起来，打通陆上边贸口岸。

这六大优势的提出，让阿里的很多干部都热血沸腾。之前，他们每天看到的都是高寒、缺氧、自然条件艰苦等各种困难，没想到孔书记通过一轮调研，就发现了阿里这么多得天独厚的优势。很多干部觉得在这里能干成事，能有新的发展，就悄悄找组织部把请调报告撤回去了。孔繁森用这种方法激发了大家工作的内在动力，成功地把大家的思想认识从"要我干"转变为"我要干"。一年以后，阿里经济迅速发展，1994年，全地区国民生产总值超过1.8亿元，比1993年增长37.5%，受到了自治区的表扬。

1994 年的春节，我是和孔书记一起过的。他援藏期间，春节基本上都在西藏过。他说尽可能让别的援藏干部回去休养、探亲、调理身体，自己留下值守。他总是为别人考虑得多，为自己考虑得少。

那个春节，我印象特别深。阿里军分区司令员、政委来看孔书记，给他带了一些韭菜。阿里高寒缺氧，蔬菜水果难以栽种成活，韭菜是很稀有的食材。孔书记一看，这韭菜是包饺子的好东西啊，就热情地对我说："七一，咱们包羊肉饺子吃，把没回内地的单身干部全叫来一起包饺子。"就这样，几十个人就像一家人一样，热热闹闹地包了一顿饺子吃。孔书记就像一团火，把大家聚在一起，给大家带来温暖和力量。

"一定要把人保住"

1994 年春，阿里发生雪灾，狮泉河下了几十年不遇的大雪，足有半米深。牧区死了大约七十万只牲畜，我们迅速开始组织抗灾。孔繁森率先到措勤、改则、革吉三个海拔最高、灾情也最重的县抗灾，因为劳累过度加上长期高原反应，有天晚上他觉得身体非常难受，几乎挺不过去了，就在随身带的笔记本上给公务员小梁留了一段话，说，万一发生了意外，"我在哪里发生了不幸，就把我埋在哪里"，并让小梁每月替他写信给母亲报平安。我是后来才知道这件事，好在那天晚上他挺过来了。

这次灾害对阿里冲击非常大。孔繁森出发前召开了联席会，要求地委行署领导都要到抗灾一线，把部队支援的粮食、大衣、棉被等救灾物资发放给灾民。他多次强调“先保人，后保畜”“一定不能死人”“要把人保住”。两个多月下来，我们创造了特大自然灾害条件下没有冻死饿死一人的奇迹。抗灾期间，一位老阿妈从家里佛堂上取下一张毛主席戴着红军八角帽的照片，并送给我留念，这张照片至今还摆放在我的办公室里。这说明在当地老百姓心中，共产党人就像救苦救难的菩萨一样。

“大鱼大肉吃得下吗？”

1994年7月20日，中央第三次西藏工作座谈会开幕。孔繁森觉得这是一个难得的机会，要借中央开会的东风把阿里的情况汇报上去，争取国家的支持。在北京开完会之后，我就陪着他到各个部委汇报。看到我们拍的照片，听了我们介绍的情况，部委的同志高度重视，也非常受触动，说：“你们条件确实艰苦，老百姓受灾严重，能支持的我们一定支持。”那一次，我们为阿里争取到了发展资金，对减少灾害造成的损失、恢复百姓生产生活起到了非常重要的作用。

四处奔波争取资金的时候，北京正值酷暑时节。我们白天跑部委，傍晚回来就在小店吃面条。时间长了，我们说：“书记，咱们别老在小店吃面条了，到饭馆里吃点好的吧。”他就说了一句话：“想想受灾的老百姓，大鱼大肉我们能吃得下吗?”孔书记始终按照共产党员的高标准来严格要求自己，心中装着人民，每天都在考虑怎样用自己的实际行动为老百姓做好事、办实事。

孔书记去世以后，我参与整理他日记的工作。当看到他日记里写着“一个人爱的最高境界是爱别人，一个共产党员爱的最高境界是爱人民”这句话时，我深深地理解了孔书记这个人，这就是他内心真实的写照！一个共产党员爱的最高境界，就是他的毕生追求，所以他才会对藏族人民毫无保留地付出了他的爱。

孔书记牺牲后，阿里地委干部给他写下了一副挽联：“一尘不染，两袖清风，视名利安危淡似狮泉河水；二离桑梓，独恋雪域，置民族事业重如冈底斯山。”他已经彻底看淡名利安危，精神境界得到了升华。他把对党的信仰融入自己平凡的工作岗位中，践行了一个共产党人对人民的庄严承诺。

这就是我心中的孔繁森。

继承遗志担使命　不负嘱托砥砺行

口述人：陈军，曾任阿里地区噶尔县委办公室机要员

采访组：刘建国　洪亚彬　周会

采访日期：2016 年 8 月 10 日

采访地点：拉萨市委办公室

暖心好大哥

我在青海格尔木长大，小时候生活条件不太好，起点也比较低，后来能走上领导干部的岗位，很大程度上是受到孔繁森书记的指引和鼓励。

知道孔书记要到阿里来，我们都很期待，因为阿里历史上虽然有援藏的汉族干部来，但能到地委书记这种级别的很少。我第一次跟孔书记近距离接触是在 1994 年。那时，阿里遭遇了五十年不遇的大雪灾，自治区政府副主席次仁卓嘎到阿里来指导抗灾救灾工作，下榻狮泉河饭店。有一次，孔书记找她汇报工作，我正

1994年春，阿里遭遇大雪灾，孔繁森（左一）骑马奔赴抗灾救灾一线

好也过去送机要件。我进到饭店，看见一个戴着毡帽的汉族干部，从穿着打扮上看，像是孔书记。因为工作职责所在，我没来得及跟书记打招呼，电报被签收后，我就出来了。

出来以后，我骑着自行车，听到后面有人喊我："小伙子你站一下，站一下。"我扭头一看，是孔书记。孔书记当时也骑个自行车，他问我是不是机要上的，我就把情况简单跟他介绍了一下。我们俩一直骑着车从狮泉河饭店到地委，一路上他跟我聊了些家常，问我生活上有哪些困难，等等。孔书记给我的第一印象是很平易近人，像是贴心的老大哥一样，没有什么官架子，让人倍感亲切。

那时候阿里条件比较差，自然环境恶劣，但是孔书记饱满的工作热情、积极的生活态度深深地感染着我。孔书记到阿里以后，为改变阿里地区贫穷落后的面貌，提高老百姓的收入，做了很多行之有效的工作。他思路开阔、行动力强，许多想法很快就落地实施。书记给阿里做得比较大的贡献就是启蒙、改变了阿里干部群众的思想观念。以前阿里通信、交通都很闭塞，连卖菜的摊位都没有，大家没有想过该怎么发展，是书记来了以后带来了思路。

记得阿里雪灾之后，他专门去中央相关部门争取救灾资金。当时国家整体的经济实力不像现在这么强盛，在那么难的情况下，他还是争取到了580万元的救灾款和2000万元的项目资金。所以说，孔书记的远见和毅力让大家非常佩服。

基层贴心人

阿里地委所处的狮泉河镇，隶属于噶尔县。我当时是噶尔县委办公室机要员。受环境影响，噶尔县没有安排办公场地，所以我大部分时间都是在阿里地委办公。

按理说孔书记是高层领导，我和他这个级别的干部接触不多。但在两年的工作时间里，我跟书记有很多交集，主要因为书记对每个基层干部都非常关心。他就像一个长辈，经常对我们嘘寒问暖，使得我们虽然在艰苦的环境中工作，但感觉十分温暖。我们一起联欢的时候，他曾经手把手地教我跳舞，到现在我也只会跳他教我的那几步。

雪灾之后，有一次他邀请我到他家里吃饭，孔书记专门蒸了一只别人给他带的板鸭，还炒了白菜，给我开了一瓶白酒。吃饭时，他一说到某些地方的干部瞒报灾难损失数据，就非常生气和痛心。但生完气，他还一直劝我说，“小陈吃菜，吃菜”。我当时感受到了孔书记对工作执着、严谨的态度，同时也觉得书记对我很信任、很爱护。

孔书记在许多场合向其他领导介绍我的时候，都说“小陈特别能干”，这让我很惭愧。我也因此觉得不能辜负了书记的期望，要对工作更努力、更上心。

孔书记对基层干部、群众特别关心。1994 年，时任西藏自治区党委常委、宣传部部长的陈汉昌带队到阿里考察和调研，孔书记全程陪同，这也是他最后一次接待自治区的工作组。当时，作为机要员的我刚好要去日土县配备密码，受条件限制，没法安排专车。分管行政工作的秘书长次仁桑布得知工作组要去日土县调研，就想让我搭工作组的车。我在路边等着，等工作组的车队过来了就赶紧招手，但打头的车没注意到我。正当我拦不到车，有点绝望的时候，突然听到一个很亲切的声音，是孔书记喊我上他的车。

到日土县以后，我协助阿里电视台的记者李兴国做摄像工作。会议开始以后，工作组介绍列席人员，因为我跟李兴国是随行人员，就没有介绍。让我想不到的是，正在跟陈汉昌说话的孔书记突然站起来说：“还有我们地委办公室的小陈和我们阿里电视台的小李。”从这个细节上能看得出，孔书记对人非常尊重，尤其注重基层干部的感受。

在日土县曾发生过一件事，让我感受到了孔书记严于律己、公私分明的情怀。当时会议正在进行，门卫拦下来一个人，我听到了动静，过去看是什么情况。这个人灰头灰脸的，大衣上也全是灰。我问他找谁，他说他找孔书记。我问他找孔书记什么事，他说他是孔书记的儿子。原来是孔书记的儿子孔杰从新疆搭车到阿里来看他，听说书记在日土县开会，就半路下车过来找他。我回到会场向书记汇报了这个情况，书记急急忙忙出来，从兜里掏出钥匙交给孔杰，说："你先回去洗漱一下，我还有工作，等我忙完以后再回去找你。"日土县的调研结束后，孔书记又陪着工作组去了普兰和札达。这期间书记一直把孔杰带在身边，自己掏腰包给孔杰付食宿费用，不给基层干部群众添麻烦，不用公家一分钱。

孔书记去世后，有一次，我从阿里到拉萨的路上路过日喀则江孜县，到一个饭馆吃面条。饭馆旁边是个修车店，饭馆的老板跟我说，他跟孔书记很熟悉，因为孔书记每次路过江孜都要来这里吃饭，而且每次都会关切地询问修车店经营状况怎么样。从这个细节能看出，书记很注重深入基层调查了解情况。书记在阿里很多时间都是泡在农牧区的，他时刻把人民群众的利益放在心上。

英名耀后世

我还记得惊闻孔书记噩耗的那一天的情形。我路过刘明秘书长办公室，门虚掩着，我不经意看到他泪如雨下，无声哽咽。我觉得很奇怪，也没敢打扰，悄悄地回了自己办公室。其他同志对我说，孔书记可能出事了。刘明秘书长当时已经知道了消息，我们是后来才接到正式通知的。

孔书记去世以后，从山东聊城开始，再到全国，媒体对他的事迹进行了广泛的报道。很多人问我，当今社会还有像孔繁森这样的人吗？我说，生活中的书记也是个很平凡的人，但是我可以拍着胸脯说，媒体上宣传的孔书记事迹全部是真的。虽然有些事迹我没有亲自见证，但也是第一时间听当事人说的。比如说雪灾那年，书记到噶尔县门士区（今门士乡）调研受灾情况时，把毛裤脱给藏族老阿妈的事迹。当天书记下乡，赶回狮泉河镇已经很晚了，但有一封比较急的电报必须让书记审阅，我就去了书记家里。那天书记满脸疲惫，进家以后他就把毡帽脱了。旁边书记的公务员说，书记今天把毛裤都脱下来给藏族老阿妈了。那可是零下 30 多度的天气，书记要有多大的忍耐力，才能经受住这样的严寒啊。又比如，报道说他牺牲后身上只有八块六毛钱的事迹。书记去世之后，整理遗物的工作本来安排我参加，但因为我手头有别的工作，就安排了办公室一位叫黄海的同志牵头。后来黄海告诉我们，的确只有八块六毛钱。这些事都是真实存在的。

孔书记深刻地影响了我的人生。他去世之后，我一直在想，书记对我这么信任、这么肯定，如果说我们再不把工作做好，为西藏的发展做出自己的贡献，实在是太对不起他了。从那以后，我全身心地投入到工作中，一刻也不敢松懈。从书记身上学到的认真负责、脚踏实地、平易近人、严于律己的工作作风，让我受益终身。二十多年来，我从来没有忘记他，他的音容笑貌，一直在我心里，温暖着我、鼓励着我。

马克思主义的践行者

口述人：倪惠康，曾任阿里地区检察分院检察长

采访组：刘建国　李菲　赵亮亮

采访日期：2018 年 7 月 12 日

采访地点：上海

1992 年，西藏自治区党委调整地市领导班子。我和孔书记都是换届之后 1993 年从拉萨到阿里任职的，同期过去的还有安七一和旦增曲扎。孔书记任阿里地委书记，安七一任地委委员、秘书长，旦增曲扎任行署副专员，我任检察分院检察长。

我和孔书记关系很好，他是班子领导，更是我的好大哥、好朋友。孔书记 1979 年在岗巴任县委副书记时也兼任检察长，他对检察工作很有感情，我们比较有共同语言，也非常有默契。孔书记出行时经常让我坐他的车，一是因为我懂藏语，简单的生活用语我基本上都会，有什么事我能当个翻译；二是他喜欢和我聊天，听取我对阿里建设发展的建议。

我和孔书记经常交流马克思主义哲学方面的问题，我觉得他是一个真正懂马克思主义的人。为什么这么说呢？在我看来，马克思主义者不能只是研究马克思主义，还要以马克思为榜样，学习他的三种精神：一是科学精神，二是拼搏精神，三是奉献精神。这三点，孔书记都学习贯彻得非常好。

实事求是

我们学习马克思主义，首先要学习马克思的科学精神。毛主席也讲过“实事求是”，这四个字是马克思主义的精髓。

我们那个年代的干部受毛主席影响都很深，我是从小背毛主席的“老三篇”（《为人民服务》《纪念白求恩》《愚公移山》）长大的。毛主席说：“越是困难的地方越是要去，这才是好同志。”① 我就照做。孔书记也一样，我觉得他很多工作思路也受益于毛泽东思想。

我和孔书记经常探讨怎样把“实事求是”的原则贯彻到实际工作中，我们认为其中最重要的就是具体问题具体分析，杜绝教条主义和经验主义。孔书记在阿里的任职时间虽短，但他绝对不是搞“花架子”，去上面要一笔钱弄个政绩工程、搞个看上去光鲜亮丽的项目，任期结束就当甩手掌柜的那种事情他不会干。

记得赴任时，我走的是北线，沿途很多地方都没法住，只能

---

① 《毛泽东选集》（第四卷），人民出版社 1991 年版，第 1161 页。

开车继续往前走。比如说，凌晨2点半从那曲出发，夜里12点多到改则才能找地方住下，一天要坐十几二十几个小时的车，就这样走几天几夜。初到阿里，我们发现那里连农贸市场都没有，没法买菜，后来旦增曲扎副专员牵头向自治区工商局申请资金，才盖起了第一个农贸市场。我所任职的检察院对面，就是狮泉河唯一的一家百货商店，说是百货商店，其实就是小卖部，商品种类很少。干警们上班时间去店里买东西，我跟他们说私事下班再办，他们说："商店和我们上下班时间一样，下班就没法买了。"而在内地，商店营业时间一般都到晚上八九点，之前我们想象不到阿里的商业环境如此落后。

所以说，阿里的自然环境、经济环境、人文环境都非常特殊，在那种环境下，干工作必须因地制宜。孔书记到阿里的第一步就是捋清工作思路，本着实事求是的精神充分调研。他走遍阿里的山山水水，具体分析每个县乡的情况，了解各地的发展优势。比如说札达县和普兰县有旅游景点，改则县、措勤县是牧区，其他地方是农区，各有各的特点。根据调研的情况，他总结出阿里的六大发展优势，对阿里的未来做出了系统的规划，很多做法都是极具创新精神的。他在那么短的时间里，抓教育、抓经济、抓旅游、抓能源发电问题，都是符合实际且行之有效的。包括他去新疆考察和争取支持，把地委副书记、地区行署专员达娃次仁介绍给新疆的王乐泉书记，都是在为他离任之后阿里的发展做铺垫，这些都是他做的具体实事。他的思路很明确，为阿里发展打下了很好的基础。大家之所以对孔书记心服口服，是因为他不唱高调、不喜欢假大空，确实做到了科学谋划、精准施策。孔书记虽然走得很早，但是他当时的一些做法，以现在的眼光回看，仍是有前瞻性的，是符合当前习近平新时代中国特色社会主义思想要求的。

顽强拼搏

我们学习马克思主义，还要学习马克思的拼搏精神。他为了创立马克思主义学说，研读了大英博物馆收藏的几乎所有政治经济学文献和相关资料。很多我们这个年纪的中国人，都听说过马克思长时间在大英博物馆同一个座位学习，把水泥地都磨出痕迹的故事。故事可能有夸张的色彩，但这种孜孜以求的精神，在孔书记身上、在很多援藏干部身上都有体现。

1994年春，阿里遭遇特大雪灾，孔书记带领我们到一线抗灾救灾。当时死了很多牲畜，牧民们的生产生活遭受了巨大的损失。很多牧民的家非常简陋：一顶破旧的帐篷用来御寒，一个口袋放糌粑，三块石头围起来架上一口铝锅煮茶，地上铺张羊皮睡觉。大家看到这种场景，自然而然都起了恻隐之心。在孔书记的带动下，我们身上的钱、车上带的食物，几乎都分给了当地的牧民群众。虽然条件非常艰苦，但我们同心协力、一起拼搏，把党和政府的关怀传达给灾区群众，觉得自己的工作很有价值和意义，所以心情是愉快的。

我在山南待了五年半，在阿里待了五年，其他时间在拉萨工作，算起来在西藏待了三十多年。在山南，我有幸认识了西藏百万翻身农奴的代表仁增旺杰，他经常给我们讲西藏的历史，讲在共产党的领导下走上社会主义道路之后，西藏发生的翻天覆地的变化。西藏老百姓对共产党、对毛主席、对解放军的感情是非常深厚的，这些对我们来讲也是一种深刻的思想教育。

到阿里以后，我又有幸和孔书记一起工作。孔书记对我们言传身教，他的高尚品格、人格魅力时刻鼓舞着我们。在阿里当干部，回拉萨都很不容易，更别说休假回家。我在阿里五年没休过假，元旦、春节、藏历新年都在阿里过。在西藏三十多年，我一共就正式休过三次假。因为我看到，孔书记就是这样做的，他以身作则，彰显了楷模的风范和榜样的力量。我在西藏也出过车祸，屡次行走在生死边缘，但孔书记的精神始终支撑着我坚守西藏，直到退休才回到内地。

无私奉献

我们学习马克思主义，还要学习马克思的奉献精神。凭马克思的才华，他当时如果去波恩大学当个教授，会有不菲的收入，他和家人的生活也不至于过得贫困潦倒。但是他却选择了自己的道路，选择了为共产主义事业奉献终身乃至一切。

孔书记作为一名优秀的共产党员，他把马克思主义精神贯穿到自己的人生选择中，为了不负党组织的信任，为了人民群众能过上幸福生活，将自己的青春、热血甚至生命都奉献给了雪域高原和藏族同胞。

有些人怀疑，孔书记去阿里是有目的的。当然有目的，这个目的很单纯，就是为西藏人民多做点事儿。一个人的力量是弱小的，但我们入党之后，党为我们提供了干事创业的平台。作为领导干部，能聚拢起更多的力量，全心全意为人民服务。我们考量一个人的初心，就看他的出发点是为他人还是为自己。

孔书记对藏族的老人和孩子就像对自己的亲人一样，非常体贴关心。门士煤矿附近住着一位藏族老阿妈，孔书记经常去看她。有段时间老阿妈感冒了，孔书记时刻牵挂着她，抗击雪灾途中，他还专门背着药箱，叫上我，去看看她好点没有。当时孔书记工作很忙，但只要回到家，就会给收养的两个孩子洗衣服、做饭，像对亲生孩子一样，陪伴、教育他们。

孔书记不仅对下属充满体恤和关爱，工作上对我们也多有提携。当时孔书记比我先到阿里，我报到以后，孔书记就带着我去拜访阿里军分区的领导、阿里藏医院的院长等在未来工作中可能接触的重要人物，为我之后开展工作带来了很多便利。

他在生活上对我们也非常照顾。我到阿里的第二天正好是星期天，食堂不开伙，孔书记就给我和旦增曲扎副专员打电话，让我们一块儿去他家里吃早餐。他亲自烙饼，还让警卫员熬了稀饭。孔书记就像亲大哥一样处处想着我们、体贴我们，让我们感受到了家一般的温馨。所以，尽管阿里条件艰苦，但班子非常好、领导非常好，我们很知足。

1994 年 6 月 1 日，也就是儿童节那天，在藏族百姓“过林卡”的热闹节日气氛中，阿里发生了一起故意伤害致人死亡的案子，由于场面混乱、案情复杂，一直没有查清。孔书记指示，由我们检察院牵头，公安局、法院共同负责。11 月孔书记去新疆之前，案子还没有结，他特地嘱咐我：“你抓紧查那个案子，回来之后听你汇报。”没想到书记这一去就没再回来。

我向孔书记同行的人员了解了车祸的细节。因为 11 月底新疆气温已经很低，路面会有一层薄冰，而且路不平，像鱼的拱背一样，中间高两边低。据当时坐在孔书记后面车上的达娃次仁专员讲，当时的车速很快，马路两边有修排水沟的土堆，车甩出去以后撞到土堆上然后又翻回去，翻了三四个跟头。孔书记肋骨折断，刺穿内脏引发了出血，没有抢救过来。

当时接到电话，我们都不敢相信，这么好的书记，这么好的老大哥，怎么会走得这么早。第二天，我们怀着万分悲痛的心情开始筹备追悼会。我们找到一张孔书记的照片，把它放大，又用检察院的小发电机连夜发电，安排相关同志绘制遗像。柴腾虎主笔撰写了挽联，跟我和刘明商量了一下细节，最终定稿为：“一尘不染，两袖清风，视名利安危淡似狮泉河水；二离桑梓，独恋雪域，置民族事业重如冈底斯山。”追悼会上，很多人痛哭流涕、泣不成声，数不清的哈达敬献在他的灵前。

孔繁森在冈底斯山前留影

孔书记去世以后，我们以他为榜样严格要求自己，学习他为人民服务的优秀品质，不断传承发扬孔繁森精神，维护孔书记的光辉形象。我们把西藏当成自己的第二故乡，为了西藏的建设，为了守护这一片土地，心甘情愿无怨无悔地付出，尽自己所能做出贡献。

1996 年，自治区党委、政府做出向陈金水、倪惠康等学习的决定，同年我被最高人民检察院授予“模范检察干部”荣誉称号。后来，自治区还树立了王惠生等第二批典型。我想，我们也算是用自己的实际行动告慰了孔书记的在天之灵。如果所有的党员干部都能像孔书记那样以马克思主义作为自己的精神引领、把人民的利益放在至高无上的位置，我相信，人民对美好生活的向往，一定会得到更好的实现。

边关长城的一块砖

口述人：麻富省，曾任阿里军分区政委

采访组：洪亚彬　刘建国　赵亮亮　郜雪梅

采访日期：2015 年 10 月 19 日

采访地点：孔繁森同志纪念馆

为战士送温暖

我是 1993 年 5 月 1 日到的阿里。孔书记听说军分区班子来了新领导，非常高兴，就带着几位副书记还有专员来迎接我们，我一生当中接受的第一条哈达就是孔书记献给我的。

孔繁森不仅是阿里地委书记，还兼任军分区党委第一书记。他多次向我们表示："我这个第一书记绝不当挂职书记，一定要把我们军分区的建设搞好，办些实事，办一些为群众排忧解难的事情。"他不仅考虑阿里的经济发展，还注重社会稳定、关心部队建设，以确保阿里在稳定和繁荣这两个方面齐头并进。

当时我们部队生活面临很多困难。困难之一是吃不到新鲜蔬菜。夏天吃新鲜蔬菜得从一千多公里之外的新疆叶城运过来，过程需要七八天，损耗很大，到了之后很多菜都腐烂了。冬天只能吃菜窖里储存的土豆、白菜和萝卜，还有各种蔬菜做的军用罐头。罐头吃一次两次还挺新鲜，但天天吃也会腻。

当兵要打胜仗，不训练不行。训练是我们党领导下的人民军队的基本任务，也是我们的传统，体能训练、文化素养都得跟上。全军的标准是一样的，尽管我们在高原，但每年的各项科目训练考核绝对不会因此降低标准。在高海拔地区，训练的强度要比内地大得多，必须要有好的身体素质。为了解决吃菜问题，提升官兵身体素质，我前一届的班子开始带领大家着手建玻璃温室，每个连队都建了两三百平方米的玻璃温室和塑料大棚，这样夏天就能吃到黄瓜、韭菜、白菜、蒜苗等新鲜蔬菜了。虽然成本很高，在高海拔的地方菜长得也不旺，但已经算是很大的改善了。

困难之二是通信条件非常差，没有电话，没有手机，没有邮局，信件和电报只能到狮泉河军分区所在地，再往边防连队转。通信条件差，对生活有什么影响呢？我举个真实的例子来说明：有个战士在离军分区 600 多公里的连队上，父亲从病重到病危再到病故，家人一共发了三封电报让他“速回”，分别是当年 10 月、12 月和第二年元月发的，但直到第二年的 8 月他才收到。为什么？因为每年一到 11 月阿里就开始下大雪，一下大雪路全被封死了，不要说汽车，牦牛都很难过去。风越吹雪越瓷实，白天光照强，雪化成水，晚上又结成冰，和未化的雪整个凝成一片，变成大冰坨。七月份阳光强烈，才能一点点慢慢地把冰雪晒化，晒到八月份路才能通。所以，八月份，给连队拉给养的车才上山把电报送到他手里。他一翻开，三份电报在一起，父亲病重、病危、病故，而这些生离死别的时刻他都错过了，悲痛程度可想而知。

孔书记当过兵，对部队有深厚的感情，所以他每次到县里检查工作或者下基层，到边防部队慰问是少不了的。阿里一千一百多公里的边境线他跑遍了，八个边防连队也走遍了。有一次是1993年的夏天，他到札达县检查工作，那里有我们一个边防连，驻地海拔4700米，离县城很远。当时孔书记的身体有些不适，但他还是提出要到连队去。武装部的同志和县里的领导都劝他："今天山下下雨，山上就下雪，道路很泥泞，海拔又高，车到不了连队。你身体不行，这次别去了，等你病好了再去。"他说："不行，连队条件那么艰苦，我是军分区党委第一书记，我到了这地方能不去吗?"他坚持要去，谁也阻拦不住，最后没办法，大家就只好出发。车走不动了就骑马，骑马也上不去了就牵着马步行，走了20多公里才到边防连。

最远的边防连队离我们军分区600多公里，叫什布奇边防连，离最前沿的中印边境线只有50米，他也去了。有的领导干部到连队来，礼节性地走一走，问候问候，也就算不错了，他可不是这样。到连队后，他冒着风险到边境去看巡逻点位，看值勤点位，看最前沿的边防哨所，走到实在不能再走的地方才返程。

孔书记了解我们部队的情况，知道什么是战士们最需要的。在当时那么艰苦的条件下，孔书记只要到我们边防部队走访，总会带些新鲜蔬菜和录像带。新鲜蔬菜有助于改善健康状况、增强体质，录像带可以缓解战士们精神上的压力。

孔繁森（前排左三）到部队看望官兵（后排左三为麻富省）

战士们在那个地方几乎与世隔绝，连队和连队之间相隔几百公里，周围几乎没有老百姓，如果有也都是藏族同胞，语言不通。文化生活比较单调，没有什么娱乐活动，所以战士们很寂寞，社交能力也逐渐退化了，见到外面来的人很热情、很激动，但只会跟人握手，不知道说什么好。看电视是用那种“卫星大锅”，一刮风、下雨、下雪就没信号。可以说孔书记带来的录像带让战士们得到了慰藉。后来，孔书记为了让战士们能及时收到报刊、信件，还协调邮电局在巴尔兵站设立了投递点。战士们常说，孔书记太了解大家的难处了，真是雪中送炭。

战士个人的事孔书记都能记在心里。1994 年，通信站有个战士的父母有病，加上遭受自然灾害，家里十分困难。后来连队发动官兵给他捐款，孔书记当时不知道怎么了解到这个情况，派他的公务员给这个战士送来四百元的捐款。我们军分区领导班子后来才知道孔书记捐款的事情，深受感动，也纷纷捐了款。那个战士很感激，从山上下来找到我说："政委，孔书记给我捐款了，怎么办啊?"我说："我知道这个事，给你就拿着呀，好好工作，努力学习，把孔书记对你的关心转化成实际行动。"别人听到这个事也许说两句安慰的话就过去了，但孔书记作为地委书记、一把手，不但能及时掌握部队情况，还以具体行动给小战士捐款，我们觉得他心里确确实实装着部队、装着战士，比我们想得细、想得远。

为部队办实事

孔书记帮我们解决了两件大事，一是军分区体制问题。我们军分区从行政区划上是归西藏自治区管，但是防区的工作要向兰州军区汇报，所以我们阿里军分区民兵训练经费来源是个问题。这件事的权责划分，十几年来都没有明确，让我们非常苦恼。

孔书记到任后，着手研判这个事怎么解决。孔书记说："好，我来争取。"他各处奔走，做了很多工作，最终西藏自治区认可我们是阿里地委行署领导下的军分区民兵事业，经费由西藏自治区划拨，问题得到了圆满的解决。孔书记去世之后，我在整理他遗物的时候发现了他的工作笔记本，这件事就列在他工作笔记本"汇报问题第六条"。看到这个，就感觉他仿佛还在我们身边。

孔繁森（右）和刘运通（中）一起到边防连队慰问

他帮我们解决的另一件大事就是出行问题。军分区干部下部队，起初只能乘坐一辆七十年代配备的老三菱车。从新疆叶城到阿里狮泉河1000多公里的路，坐那辆老三菱要走三天。平均一天才走300多公里，相当于一个小时几十公里地往前挪，等到了目的地，车都颠散架了，人也受不了。到边防连队的路更难走，几乎找不到一段平路，可以用"山无寸草，地无尺平"来形容。那辆车长年在这样的路上行驶，损耗很大，修了又修，已经非常破旧。

孔书记看到这个情况就跟我说："老麻，你们以后下部队给我说，我给你们派车。”我知道这是他对我们的关心，但部队用车的情况很多，怎么能老用地方上的呢。所以我嘴上说好好好，但只有我们的车辆实在不够用的时候才向地委行署开口。孔书记见我们不好意思借，就和班子商量怎么解决这个问题。那时候买一辆新款的“丰田4500”要50多万，由于阿里地区很贫穷，地委行署也没什么钱，主要的经费靠财政，支援我们也很吃力。但孔书记想尽办法帮我们解决困难，做了很多工作，最后地委行署决定支援军分区40万块钱。军分区有了这40万，自己又掏了两三万，把这些钱加起来，买了一辆二手“丰田4500”，这才有了军分区第一辆越野车。孔书记去世以后，军分区的同志坐这辆车下部队的时候总是感慨万千。我感到，他确确实实是把自己当作我们军分区的一员，为了军分区的建设呕心沥血。

培育双拥之花

孔书记当拉萨市副市长时就分管双拥工作，对这项工作很熟悉，也很重视。来阿里以后，孔书记说：“我们阿里这么大的地方，这么艰苦的地区，这么多年来，怎么没有一个双拥模范县？双拥工作是我们党的优良传统，要把这个传统继承下来，发扬光大。这项工作不能有空白，我们必须争创双拥模范县。”他的想法和我们军分区党委的想法不谋而合，我们也非常赞同和支持。我说：“你有什么想法你就谋划，我们全力以赴来抓这个事。”于是，我们在孔书记的主持下召开了地委、行署、军分区联席会议，专门研究双拥工作。这个会我记得非常清楚，孔书记在会上发言，从稳定、繁荣、民族团结、军民团结、边防巩固各个角度，来论证双拥工作的重要性。最后地委、行署、军分区作出决定，大力在阿里创办双拥模范县、乡、镇。

1993 年，我们把军分区所在地——噶尔县列为第一个双拥模范县建设目标，因为这里部队多，有军分区机关，有地委行署机关，工作配合起来比较方便。实际上，噶尔县过去军民团结、民族团结也搞得很好，只是没有提高到双拥这个层面来认识。当我们把一些工作纳入双拥的范畴里，也就很快进入了建设轨道。第二年秋天，自治区双拥检查团来验收，正式认定了噶尔县是自治区批准的阿里地区双拥模范县。在不到一年半的时间里，获得这样的荣誉，对我们阿里是很大的鼓舞。我们再逐级把工作往下推，各个县都要建设双拥模范乡、双拥模范镇、双拥模范单位，把双拥工作作为军地融合、军民联合的重要举措，纳入日常工作，建立长效机制。我很佩服孔书记的眼界和治理能力，他看到了我们工作中空白的地方，把不完善的地方规范起来。在孔书记的正确带领下，双拥工作在我们阿里取得了可喜的成绩。

生死置之度外

孔书记那时候已经将近 50 岁了，本身健康状况就不好，工作也很劳累。高原缺氧，加上远离家乡产生的精神上的寂寞，对人来说是双重的折磨，可以想象有多么辛苦。但是孔书记从来不觉得苦，总是想着怎么能为他人奉献更多。对阿里这块土地，孔书记真的是鞠躬尽瘁、尽心尽力了。我觉得他着实了不起。

那次抗击雪灾写遗书的事，他和我聊天的时候说过，但是没给我看过。他说："那天在革吉县，晚上睡觉难受得要命，就给公务员留了封遗书，万一挺不过去，我就走了，好在还挺过去了，要不就见不到你了。"我说："你以后不要写遗书了，这东西不能随便乱写，可不要开这个玩笑。"我还给他提建议，下乡的时候把丹参滴丸和速效救心丸带上，万一心脏不舒服吃一点。

我和他的住处就一墙之隔，有一段时间达赖集团搞分裂活动，阿里的形势比较紧张，分裂分子渗透很厉害。有一次地委门口的档案馆被盗了一支手枪，武器被盗是很严重的信号，说不定哪天就会发生危险。地委那地方没哨兵不安全，都是土院墙随便一翻就过去了，房间目标大，设施也差。当时我们就建议孔书记住到军分区来，他说："不行，我要住进来，其他干部怎么说？那么多援藏干部怎么办？"后来形势越来越紧张，他是阿里党政军的一把手，我们不得不采取措施，因为万一他出什么事，会影响大局。军分区领导再三给他做工作，他才勉强同意搬进来住到军分区办公大楼一层。阿里比内地晚两个小时，军分区机关是 11 点半熄灯，他总是每天非常晚的时候才在地委的办公室忙完工作，一般都是 12 点多才回来睡觉，早早起来就去上班，起早摸黑的，住和不住没啥区别。他连自己的生死都置之度外，真的一心想的是阿里的发展。

倾心爱民立功德

阿里的群众都说孔书记是活佛，为什么他在阿里这么短的时间，在老百姓当中却影响这么深?

阿里地区缺医少药，地方上医疗条件很差，孔书记掌握一些医学知识，下乡的时候，他总是去最艰苦的地方、最穷困的老百姓家里走访。去了以后帮助群众解决完实际困难，就用听诊器给老百姓特别是年龄大的老人家听一听，如果感觉哪里不好，就给他留点药，让翻译告诉老人家怎么吃。那里老百姓长期吃不到药，突然吃这么一两粒药真的很灵，特别是感冒。老人们这辈子都没见过县委书记，地委书记更没见过，一听说给他们看病的这个人是地委书记，是很大很大的官，光在精神上就感到很大的安慰和振奋，一个劲地念佛，称赞我们孔书记是活佛、神医。

他有时候到牧民家里去，一看人家身上穿得很薄，转头就出去，跑到车上把自己身上穿的毛衣毛背心脱了拿进来送给老人。他就是这样一点一滴地感动了群众。这些关心群众、体贴群众、爱护人民的行为和做法，很快就传遍了阿里，大家都觉得孔书记同时做到了功和德。他在短时间里没办法彻底改变阿里落后的面貌，但是他把中华民族优良传统、把共产党全心全意为人民服务的宗旨都体现在服务老百姓上，所以老百姓对他非常怀念。

清正廉洁好品质

孔书记日常生活很简朴，比如，他喝茶没啥要求，可喝可不喝。到他办公室去，有时候喝茶有时候就是白开水。

阿里地委和军分区一墙之隔，他们的生活条件比军分区要艰苦得多。因为没有运输供应，什么东西都要买，吃饭也没有食堂，都是自己做饭。他一看这么多机关干部没地方吃饭，也是个问题，长期这么下去既影响工作也吃不好，于是就给大家筹建机关灶。刚到阿里的时候，他也是自己做饭，他的公务员也做，房子里经常烟熏火燎的。后来有了机关灶，情况才好一些。

当时我们就叫后勤部给他收养的两个孩子送去一点米面油，孔书记坚决不要，说："这不行，我自己买，不用你们来送。"我说："我们不是送给你的，你带着两个孤儿日子很难过，是我们军分区给这两个孩子的。"他说那也不行。我们送了几次他都不要，他说："我收养的孤儿就是我的孩子，我的孩子就不能沾公家的便宜。"

当年在阿里，为领导服务和提供保障没有那么到位。地委书记生病也是自己到医院做检查，请医生开药，多要也不给。我们知道孔书记每次下乡都要给老百姓看病、送药，而且都是自己掏钱买。我让军分区卫生所给他补充一点，他不同意，我说：“你是给老百姓看病，又不是自己用，就算为了老百姓，你也要把这些药收下。”他也只是收下了自己买不到的药品。

我们给他发衣服他也不要，以为这衣服是我送给他的。我对他说：“你在部队有职务，有职务就应该穿军装，你总不能参加军分区党委会议的时候穿着西装给我们讲话吧，这是军分区应该发给你的。”他说那好，这个他接受，才把衣服拿走了。

孔繁森廉洁奉公，真正体现了我们党的本质，是一名真正的共产党员。

精神永存狮泉河

阿里是西藏最艰苦的地区，海拔很高、面积很大，也没什么物产，那个地方植被很少，地委、行署、军分区所在地狮泉河只有少数的柳树，我们叫高原柳，其他的什么东西都长不了。所以孔书记到阿里一看，确实是积贫积弱、亟待发展。他经常和我们聊怎样改变阿里面貌的事情，这个担子压在肩上，他很着急，不停地思考怎样招商引资，怎样发展旅游、矿产、现有产业和农牧业，等等。他在这方面下了很多的功夫，可惜由于时间太短，他的很多想法没有来得及实现，真是壮志未酬身先死。

我们经常像亲兄弟那样在一起，所以我听到他去世这个消息后，坐到凳子上半小时没起来。后来我缓过劲来做的第一件事是给军区报告这个消息，在给南疆军区党委的电报里，我专门加了一句话，说孔书记是我们军分区全体官兵十分爱戴的好书记，他的去世是我们极大的损失，我们一定要学习他的精神、继承他的遗志，守卫好阿里边防。阿里地区最早提出来向孔书记学习的是军分区，为什么？因为孔书记平时的行动很多都是植根于部队的土壤当中，是一种必然的结果，不是说我们有先见之明，我们就是觉得他绝对是一个英雄。

他去世以后，援藏干部们对孔书记非常怀念，都来找我，说："孔书记是我们援藏干部的带队领导和阿里的一把手，他现在去世了，我们如果想悼念一下总得有个地方吧。"他们的请求促使我想要在阿里烈士陵园给孔书记建一座墓。孔书记给我们留下的精神是永久的，他的贡献很大，就应该安葬在烈士陵园，供后人瞻仰、纪念。这么有影响的一个人物，不能无声无息什么都没有，到阿里找不到纪念的地方，这是不行的。征得班子同意后，我把这个想法给当时阿里地委秘书长刘明讲了，请他传达给组织部的领导，希望能够在狮泉河烈士陵园为孔书记建一座墓。

军分区党委明确表示，孔书记的墓一定要进烈士陵园，只要在狮泉河烈士陵园划出一块地皮来就可以，剩下的事我们军分区全部承担。地委研究同意后，我就派工兵连去打墓坑，让后勤部长去找地方买棺材，然后请刘明把孔书记用过的遗物整理一下，烧灰装盒放到棺材里。

当时没有墓碑，我让后勤部到地方上做了一块 2 米多高、10

公分厚的木头墓碑。我怀着一种非常崇敬的心情，趴在乒乓球案子上用红漆和毛笔，认认真真地亲手写了一上午。这就是孔书记墓最早的墓碑。送葬那天，地委行署领导主持、参加活动，敬送花圈挽联，军分区给孔书记下葬，组织得还是比较圆满。

第二年，中组部派人带着中央电视台、中国革命历史博物馆的同志来阿里征集文物，觉得这个木头墓碑很重要，可惜在重新修缮时，已经拆掉换成了石碑，最后也没找到，就把孔书记献给我的第一条哈达收走了。

全心全意为阿里人民

口述人：刘成俊，曾任武警阿里支队政委

采访组：刘建国　洪亚彬　李菲　郜雪梅

采访日期：2015 年 5 月 28 日

采访地点：潍坊市接待中心

党政方针融血脉

我是 1972 年春天去的西藏，一共在藏工作 38 年。1991 年 7 月我调到阿里地区武警支队担任政委，1993 年春天和孔繁森第一次见面。当时孔繁森已任职阿里地委书记，还没有从拉萨出发。我正好在拉萨探亲，听说他是我们山东老乡，而且作为拉萨市副市长在干部群众中口碑很好，就专程去拜访了他。我对他说："我已经到阿里两年多了，那边生活条件很艰苦。我对当地比较熟悉，您去了之后，遇到什么困难都可以跟我说。"他说："好，没问题！"

1993 年 7 月，我休假结束回到阿里，孔书记已经正式到任了。阿里高寒缺氧，气候十分恶劣，但也正是因为环境艰苦，人与人之间的感情更加淳厚、真实。再加上孔书记非常平易近人、没有架子，无论对老乡、同事还是普通老百姓都很热情，所以我们很快就建立了深厚的友谊，我对他的了解是比较多的。

关于孔书记，传颂最广的是他做的点点滴滴的好事。但我认为不能仅仅把他作为一个学雷锋做好事的典型去理解。援藏的人很多，为什么孔书记可以成为模范？我认为主要有以下几方面的原因：

第一，他对党的大政方针的理解很有深度和高度。他 1979 年 4 月第一次援藏，在岗巴县担任县委副书记，岗巴县海拔 4700 多米，环境非常艰苦，就是因为在这次援藏期间他对党关心扶持西藏政策的深刻理解，对农牧民的深厚感情和对西藏反分裂斗争形势的深刻认识，促成了他的第二次援藏。

第二，孔书记抓住了最根本的一点，就是团结人民群众，帮他们提升觉悟。只有这样，西藏才能永远在祖国大家庭的怀抱里，同时击碎分裂势力的图谋。所以，在阿里当地委书记不到两年的时间里，他很少坐在办公室，大部分时间都用来下乡搞调研，深入群众做具体的工作，帮助群众解决实际困难。他每次下乡都会带着衣服、食物、药箱，看到群众冷了、饿了、病了，给人家又送衣物又送药。当时的阿里不像内地，只要有钱就可以买到吃的。下乡的时候他都是带着一摞在家烙好的饼子、几块牛羊肉和一罐辣椒酱，有时候一天都走不到一个村庄，就在山沟里避风的地方，烧上一壶水，啃上一块饼，就这样凑合一顿饭。我们中国不缺理论家，缺的是实干家，缺的是把党的理论方针政策融入自己血液，落实到具体行动中的领导干部。他以实际行动教化群众，让群众感到党的伟大和正确，从而发自内心地团结在党的周围。这样真抓实干的工作方式，比仅仅坐在那里开几天会、只是坐而论道要强得多。

第三，善于创造性地开展工作。他援藏期间做了很多具体的事情，他在阿里待了一年多的时间，阿里地区的经济发展上了一个新台阶。1994 年，全地区国民生产总值超过 1.8 亿元，国民收入超过 1.1 亿元，农牧民的生活得到明显改善。也许这个数字在内地来说不足挂齿，但在西藏是非常不容易的。

孔书记是作为一个高级领导干部去援藏的，我认为，他是带着党的信任和嘱托，是为了维护祖国的统一和帮助当地人民过上安定幸福生活而去的，要从这个层面上，才能真正理解他。

多才多艺有魅力

西藏条件比较落后，在阿里，电视至多能收到三个频道，一个是中央一台，二是西藏台，三是阿里台，而且只有每天晚上 7 点到 11 点能看，其他时间没电。孔书记苦中作乐，经常跟同志们一起打开录音机放音乐，跟着唱歌跳舞。他喜欢唱歌，而且唱得非常好。

部队的文化生活比地方要稍微丰富一点，因为我们每个中队都有一套器乐箱，里面有二胡、笛子、板胡、京胡、锣鼓等乐器。我和孔书记住得很近，我们既是上下级又是老乡，关系很亲近，有时候吃过晚饭，他散步就转到我家来了。知道我也喜欢音乐，他对我说："刘政委，给我拉一段二胡，我来唱歌。"有时候部队的一些战士也会来，那就更热闹了，吹拉弹唱一应俱全，唱不好的就跟着哼，气氛很活跃。

我们部队出差的机会比较少，孔书记去拉萨开会，回来的时候就会给我们带点水果、蔬菜等稀罕物资，对我们非常贴心。孔书记到了我家，我们也不分彼此，有时候他拿点水果、蔬菜过来，我家属就赶紧炒菜。他说："我来教你。炒花生米，把它洗干净，凉锅倒上油就开始炒，等花生米稍微有点发黄赶快盛出来就熟了，这样不会炒煳。"这个方法确实很好。他还会很多菜的做法，我家属跟他学了不少。

1994 年春节，孔书记请我们到他家吃饭，驻狮泉河部队的十几个中队长以上的干部都去了。他系着围裙、亲自掌勺，给我们炒了十几个菜。我们围坐在藏式的桌子边，喝着酥油茶，吃着他炒的菜，他问："我手艺怎么样啊？我还是山东烹饪协会的理事呢。还想吃什么，我给你们炒。"转业以后我跟别人说起这个事儿，大家都不敢相信地委书记会亲自下厨请我们吃饭。

挽留人才为阿里

阿里是个既偏僻又艰苦的地方，有点才能的人都不愿意在这儿待着，会想办法调到其他地方。针对人才奇缺的问题，孔书记坚持两条原则：第一，对待年轻人才要充分发挥他们的作用，这样才能留住他们；第二，要积极引进人才。

有一位同志，曾经在札达县当过县委领导，“文革”后期因为到新疆去治了一年的病，回来发现自己的职务被撤销了。他向上反映了很多次，问题都没得到解决，就不想干了。孔书记去了以后，得知他能力很强，二十几岁的时候就当县委领导了，当时也才40岁左右，还很年轻，就下决心要把这个人才挽留住。后来孔书记给他落实了政策，好像把他调到地区交通部门了。这位同志觉得领导这么器重他，这么关心他，还帮他解决了难题，很感激，也就不要求调走了。

后来这位同志做了大量的工作，对阿里发展提出很多建设性的意见和建议，也写了很多文章，其中一篇就是关于阿里地区公路建设的，还被自治区授予“科技进步奖”。他影响了一大批人，其他想调走的人看到地委领导这么关心他们，加上自己的能力也得到了发挥，心里就安定了下来。所以说孔繁森挽留、培养、引进了一批优秀人才。

艰苦朴素树风气

孔书记穿着简朴，很爱干净。他每天洗衣服，有他自己的，也有收养的两个孩子的。我们朝夕相处，都知道他那内衣、衬裤都是补丁摞补丁。我家属看他一个堂堂的地委书记连件像样的衣服都没有，就给他织了两件毛衣，后来问他穿着合不合适，他说："我早送给别人了。"原来，他有一次下乡的时候穿着这件毛衣，看到老百姓穿得比较单薄，他就脱下来送给人家了。这对他来说是理所应当的事，细细想来很令人感动。

有一次，有人送他一条领带，他问："这领带多少钱?""八百。"他吓了一跳，拿出自己的领带给那人看，说："我这个 80 块钱都不到，才 30 块钱，我不要你的。"他穿的衣服看起来整洁大方，但其实料子都很普通。他对别人慷慨大方，到牧区看到谁有困难就掏钱接济人家，但是他对自己却一分钱都舍不得花。

1994 年 7 月，孔书记带领阿里的同志到北京汇报雪灾情况，舍不得在饭店就餐，经常就近在小店吃。次数多了，随行的同志认为一个地委书记吃小店不体面，跟随他的安秘书长也劝说："小店卫生不能保证，咱还是到正规饭店吃饭吧。"孔繁森却说："咱阿里太穷了，想想还有饿肚子的群众，大鱼大肉咱们能吃得下吗?"孔繁森就是这样正身率下，不仅自己一身正气、严于律己，而且带领地委一班人，树立了朴素勤俭的作风和廉洁自律的好风尚。

暖心月饼送战士

1994年9月，孔繁森在拉萨开完会后返回阿里。临行前，他让秘书长安七一去买十盒月饼带上。他选择了途经措勤县和改则县的路线，这条路海拔高，都是土路，还绕远，要走一个星期，选这条路线就是为了去县里看望边防战士。

一路颠簸，中秋节晚上10点多钟，孔书记一行终于赶到了措勤县武警中队。措勤县平均海拔在4700米以上，路途遥远且偏僻，全县买不到一块月饼。每逢佳节倍思亲，月圆之夜，战士们乡愁更甚。孔繁森赶到之后问大家："同志们，中秋节过得怎么样，吃月饼了没有？"战士们说："书记，我们全县没一个卖月饼的。"孔书记说："我给你们带来了，快点快点，安七一给拿过来！"战士们一听感动得直哭，说自己的父母都没想到给他们寄块月饼，书记那么忙，却千里迢迢带来了月饼。大家围着书记又是唱又是跳，一直到凌晨1点钟才休息。

孤儿老兵皆亲人

孔繁森收养的两个孤儿，一个叫曲印，一个叫贡桑。这两个孩子经常在我家玩。孔繁森只要在家，不管刮风下雨，不管雪下得多大，每天都是骑着自行车亲自接送这俩孩子上下学。他自己觉得很平常，但是在我们看来，堂堂地委书记能这么做，是非常难得的。

那时孩子们正是调皮捣蛋的年纪，有次曲印从学校带回来个藏族小孩，看着像是牧区的，裤子非常破烂，棉花都露在外边，棉衣里面也没套秋衣秋裤，就那么空身穿着。阿里冬天很冷，能达到零下 40 多度，孔繁森一看就说："这么冷的天你穿这样的衣服怎么行，快把我的衣服穿上。"就把我家属给他织的一件毛衣给孩子穿上了。他把袖子和裤腿剪到合适的长度，用线锁了边。晚上给孩子洗了澡，照顾睡下后，他又把孩子原来的衣服洗干净，放在炉子边烤干，把破烂的地方补好。这样的小事，他做得非常多。

还有一件小事。那时候军分区和地委行署离得很近。有个即将退伍的老兵经济比较紧张，提着一双毛皮鞋想卖了换钱。当时，地委的领导包括孔繁森都住着土坯平房。① 老兵随便挑了一间屋子就进去了，正好是孔繁森的家。他也不认识孔繁森是谁，直接喊："大爷，我卖给你一双皮鞋。"孔繁森问他为什么，他说想换点钱。孔繁森人很实在，没什么冠冕堂皇的话，脱口而出："你小子不要那双脚了？快点拿回去！"然后掏出一百块钱塞到他手里，就把他撵走了。通过这件事可以看出，他对战士就像对自己的亲儿子一样，很亲切很实在。

---

① 编者注：孔繁森到阿里起初住的是平房，后来才搬到楼房。

孔繁森给退伍老兵送行

鞠躬尽瘁为阿里

1994年11月，为了争取新疆对阿里发展的支持，学习塔城对外开放的经验，孔书记带队去新疆考察。山东有个习俗叫“起身饺子落脚面”，他去新疆临行前一晚，我跟我爱人包好了饺子给他送过去，他和孔杰一起吃的。

当时新疆的王乐泉书记是孔书记的老领导，孔书记出面谈合作更方便些。他们谈成了很多大事，争取到了包括免交新疆到阿里的公路养路费、新疆每年无偿支援阿里地区十万斤粮食等十余项优惠政策。为了发展阿里地区经济，提高人民生活水平，孔书记克服种种困难，长途跋涉去新疆求援，真的是为了阿里全心全意奉献。

孔书记去新疆以后，我就收拾行李，准备去拉萨休假。到了拉萨，却接到了孔书记去世的噩耗。我说：“不可能，不要胡说八道。”“是真的，出车祸了。”同事说了好几遍，我还是不太相信。后来我在自治区组织部确认了这个消息，当即感觉一盆凉水从头上浇下来，周身冰凉。我马上到拉萨市中心邮局起草了个唁电发过去，后来又去聊城看望了他的爱人王庆芝。孔书记为了阿里的发展呕心沥血、鞠躬尽瘁。我们万万没想到，新疆之行，一别竟成永诀。

为了寄托哀思，在孔书记去世之后，我曾撰写了《贯彻党的大政方针的典范——孔繁森》一文，宣扬和学习他两度援藏，献身雪域的党员领导干部楷模、人民公仆精神。继而又写了《论孔繁森同志的潜在政绩》，文中说“善于谋全局、抓大事、会组织、重落实，是一位好领导。但像孔繁森那样富有战略眼光，能够树立一个光辉的榜样、形成一股良好的风气、带出一个坚强的‘班子’、培养一批优秀的人才、制定一个宏伟发展规划的领导，才是一个有远见、有潜力的成熟的领导者”。

在孔书记的悉心培养和率先垂范下，当年他身边的一些干部，有的已走上更高的领导位置，更多的依然坚守在西藏，为雪域高原无私地奉献着。在西藏，乃至全国，已经有成千上万的孔繁森成长起来了。

孔书记已经离开我们20多年了，我认识他的时候才30多岁，现在也将近花甲之年了。对我而言，认识一个高尚的人，是人生莫大的幸福。他的精神始终激励着我，我永远怀念这位好领导、好大哥！

只要狮泉河在，冈底斯山在，孔繁森就在

口述人：肖达娃，曾任阿里地委党校党委书记

采访组：李菲　赵亮亮

采访日期：2016 年 8 月 9 日

采访地点：拉萨市河北大厦

“你还年轻，要认真、要努力”

初识孔书记时，我在阿里地区措勤县任县委书记。措勤县是 1971 年 7 月经国务院批准设立的，离阿里地委驻地狮泉河镇大概 700 多公里，是地区七个县里综合条件最差的。措勤县海拔高，严重影响种植业发展；旅游业滞后，几乎不见外来人。所幸当地生产的羊绒世界闻名，给老百姓增加了一些收入。

1993 年，由西藏自治区副主席拉巴平措带队、自治区相关领导组成的大型工作组到阿里地区考察。措勤县位于阿里地区最东边，是进入阿里的第一站。当时，地区新任职的孔书记及洛桑旦

达专员、部分工作人员来到措勤县，和我们一起负责接待工作，这是我第一次见到孔书记。

自治区工作组在措勤县大概待了五天，孔书记身体力行地带领我们做好接待工作，向工作组汇报措勤县的基本情况，反映县里的具体困难、需要自治区乃至国家解决的问题等。孔书记看上去很温和，开会工作时，让人不由自主地想注视他。我们听他讲话很入神，有时候甚至忘了记笔记。从那时开始，我便对孔书记有深刻的印象了，感觉他和蔼可亲，也乐于接触他。很遗憾，由于当时条件有限，没留下照片、影像资料。

尽管孔书记在阿里工作的时间不长，但他在培养干部这方面做了大量的工作。孔书记接待完工作组返回地区的前一天晚上，专门找我谈了一次话，大致意思就是："你要认真、努力地工作，多学习，你年轻，很有发展前途。如果调整你的工作，不要有什么顾虑，要服从上级组织的决定。"

说实在的，当听到他说出这些话，我也有些纳闷，是不是有些地方没做好，是不是孔书记对我不满意，但是又没敢问他，我只是点头说："记住了，书记。"

后来，不到三个月，我被调到了地区党校，孔书记又找我谈话，说："调你到这儿来，是看你各个方面的水平不错，能够担当党校党委书记的职务。现在我们党校条件差，教学力量相对薄弱，所以要你过来协助我把党校工作抓起来，把我们当地干部培养好，让年轻的干部多学习知识。"孔书记说到这儿，我才明白他的用意。

当时的地区党校在离狮泉河镇还有8公里的一个山沟里，那个地方杳无人烟，工作几乎是停滞的。但党校作为党员干部教育的基地，是落实干部培养工作的重要高地，所以孔书记决心把学校扶起来。

现在想起来，我非常感激孔书记对我说的话，以及对我工作的安排。一方面，从个人的角度，我感到孔书记对我寄予很大期望；另一方面，我觉得孔书记非常重视培养少数民族年轻干部，也倍受鼓舞。

“到什么山唱什么歌”

在党校工作那段时间，孔书记经常听取我们的工作汇报，我和他也渐渐熟络起来。

我们经常一起下乡。西藏地广人稀，下乡大部分时间都在路上。无论开几辆车，我们都保持跟车，不让其中任何一辆车掉队。因为都是土路，夏天被水冲得坑坑洼洼，车子颠簸很容易抛锚；冬天路上都是白茫茫的雪，也看不见路标，一旦车子陷到雪里面，前后能互相帮忙。到了不通路的地方，就要借老百姓的马，跟当地干部一块骑马过去。

孔书记有一张骑着马、马上还挂着药箱的照片，就是在札达县拍的。孔书记在我们中间是比较年长的了，骑着马翻山越岭，难呀！到了乡里，在老百姓家里喝一碗清茶或酥油茶解渴，顾不上休息，就立刻开始工作。

为了当天能找到地方落脚，工作组往往要很早出发。有时候能住在县城或部队，那里饮食和卫生条件相对有保障，孔书记都是跟大家一起吃食堂。有时候住乡下的“招待所”——几张钢丝床，几床不经常洗的被子，冬天的时候就在旁边生一个烧牛粪的炉子，这都算是条件好的。有时只能借宿老百姓家，个别户家的卫生条件比较差，被褥没怎么洗过，可是不休息也不行。孔书记就跟大家说：到什么山唱什么歌。说着，他一把拉起被子蒙头就睡。我时常想，他可是地委书记呀，一点都不挑剔，换成别人可能真做不到。真的，你不要看这么小的事，就这么平常的一句话，教育了多少人，感动了多少人。一想到这些，我们工作起来就感觉有奔头、有劲头。

下乡时我们和孔书记吃住都在一起，相处过程中，很多同志对他一直保持着对领导的崇敬之心，就会拘谨一些。孔书记发现之后跟大家开玩笑：“你这个人像小姑娘一样的，怎么回事，说话声音大一点。”这样一来，大家笑着笑着就都放开了，所以我说孔书记特别平易近人，是个实实在在的人。

孔书记每次下乡都会背一个小药箱，里面装满了药。他喜欢穿乳白色的风衣，戴顶礼帽，一开始老百姓以为他是大夫，都围到他那里看病、要药。后来老百姓才知道，他是地委书记。孔书记会听诊、把脉，给很多老人都看过病。久而久之，无论走到哪，只要孔书记一下车，老百姓就会围过来。这些都是我亲眼见过的。

孔繁森（中）下乡时随身携带药箱，为藏族群众看病

孔书记的精神境界是超越一般人的。他从山东来，从祖国的东部来到最西边，为了我们的家乡和家乡人民，鞠躬尽瘁，死而后已，他是千千万万援藏干部的楷模。笃信佛教的藏族老百姓，一听到孔繁森这个名字一般都会合着手掌，祈祷祝福。

我对于孔书记，既有一种朴素的感情，更有一种超脱的热爱，是发自内心的崇拜和尊敬，听不得有人说他半个不字。我也经常跟别人说："孔繁森是我们全体党员领导干部的楷模，是我们尊敬的领导，谁也不能损毁他的形象！"

"干部需要当地培养"

遇到孔书记是我的幸运，按照藏族人的话说是，"你有运气，有这样一位好干部好领导可以近距离、经常性地接触"。遗憾的是，我到党校工作不久，孔书记就离开了我们，我非常难过。

孔书记去世前最后一次公务性会议，可能就是在党校开的。那天，西藏自治区党委常委、宣传部部长陈汉昌来阿里传达自治区一项重要的指示。传达完毕后，孔书记带着陈汉昌部长来党校视察，一方面展示党校的现状，另一方面讨论党校的发展思路。围绕怎样把党校建好，如何把干部培养好，我们召开了会议，交流了大概半个多小时。最后孔书记又这样跟我说："好好干，我们共同把党校搞好，把我们阿里的干部培养好。全部的干部都送到内地去培养显然是不可能的，虽然可以分批分期选派一些去学习，但是更多的需要当地培养。你要努力工作，不要辜负了地委的期望。"

后来我们按照孔书记的意愿，把党校确实扶起来了。是不是很好、能不能达到他的要求，我不敢确定，毕竟条件有限。孔书记离世之后，在我们的共同努力下，党校搬到了狮泉河镇的地委旁边，办得有声有色。如果不是孔书记高度重视、长远规划，历届党委关注扶持，党校不会有这样的发展。孔书记在的时候，阿里的干部成长得非常快，接任他的达瓦次仁书记，就是一位了不起的藏族干部，深受孔书记的影响。所以说，孔繁森的精神激励着阿里党员干部、激励着更多的人，一起奔向我们共同的目标。

朝着丰碑的方向前进

孔书记离开我们的时候才50岁，对一个人来讲，这个年龄不算大，可他就这么年纪轻轻地离开了，留下了 90 多岁的老母亲，这是对我内心触动最大的一件事情。

我时常想，如果没有孔书记，可能很多人到现在也不知道有个叫阿里的地方。以前的阿里闭塞、落后、贫穷，孔书记作为从发达地区来的援藏干部，用他的远见卓识和精准谋划，为阿里的发展打下了基础，为阿里打开了与外界相连的通道。他去世后，媒体对于他事迹的宣传，也让各界人士对西藏有了更多的关注，了解到西藏还有一个非常艰苦的阿里地区。

我第一次宣讲孔繁森事迹，应该是在河北石家庄。当时河北省检察院有位检察长对我说：“你是孔繁森身边来的，可以给我们的干部职工讲讲孔繁森的事情吗?”我同意了。当时，我讲述的最后一句话就是：“孔繁森是在阿里那种艰苦的环境中磨砺铸就的楷模。在各方面条件比较好的地方，没有煎熬，也不需要挣扎，人可能会比较安逸，就会放松对自己的要求。阿里实在是太艰苦了，历练了孔繁森坚强的意志。但说实话，就算在阿里，也没多少人能做到像孔繁森那样艰苦奋斗。”当时话说到这个程度，完全是出于我对孔书记的感情。我承认，包括我自己在内的很多人，的确是达不到他的境界。

曾有记者来阿里采访，我们一起聊孔繁森，他说：“你对孔繁森的理解跟其他人相同又不相同，你把孔书记看成自己身边的一个战友，一位出色的领导，一个令人敬仰的好大哥。”

对他的说法，我很认同。孔书记跟老百姓在一起，跟战士们在一起，特别在阿里不到两年的时间里，在那样艰苦的条件下，他始终坚持群众路线。孔书记第一次援藏任岗巴县委副书记，第二次援藏任拉萨市副市长。当年墨竹工卡地震，孔书记去抗灾救灾，发现很多孩子都失去了亲人。当时他的老母亲已90多岁，需要赡养，孩子尚未成年，爱人体弱多病。在这样困难的境况下，他依然领养了曲尼、曲印、贡桑三个藏族孤儿。后来拉萨市市长洛桑顿珠看他太困难，就主动收养了年龄最大的曲尼。孔书记把曲印、贡桑一边牵一个，从拉萨带到阿里。两个小孩读过书的噶尔县小学现在叫孔繁森小学，这都是历史的见证。在这么艰苦的民族地区，他图什么呢？有人说孔繁森挺“傻”的，对，他真的很“傻”，从来不考虑自己，只想着别人，可咱们需要的不正是这样的领导干部吗？

藏族人打比喻时，总喜欢借用一些自然物。我们说孔繁森的廉洁作风，清如狮泉河水，那世界屋脊上流下来的水，清澈无瑕、绵延不绝；我们说孔繁森对藏族群众的爱，重如冈底斯山，巍峨而神圣、肃穆而高远。他来到这样一个条件艰苦的地方，别无所图，只是为了民族团结和当地的发展。狮泉河、冈底斯山寄托着阿里人民对孔书记的深厚感情和崇高敬意。只要狮泉河在，冈底斯山在，孔繁森就在。

孔繁森精神一直鼓舞着我们。我们踏着他的足迹，一步一个脚印地真抓实干。现在阿里的条件好了，建起了核电站，满足了当地生产生活的电力需求；拉萨到狮泉河镇也通了公路、航线……阿里今天的发展，无不凝聚着孔书记的心血。

我对孔书记的回忆都是真实的，没有夸大和渲染。在那样艰苦的环境下，书记始终和我们一起奋斗，最后把生命献给了我们阿里人民，我们能不感激吗？在我心里，他就是一座丰碑，我永远不会忘记。我经常跟我的孩子们讲孔书记的故事，让他们好好工作，在前辈打下的基础上筑起高楼，把孔繁森精神永远传承下去。

今天的西藏相比以前已经有了很大的发展，但受自然环境等条件限制，与祖国其他地区相比仍存在一定差距。西藏要发展、要追赶，依然需要艰苦奋斗，需要全国各地、各族人民的支持。年轻干部们不能忘记过去的艰难困苦，要不忘初心责任，牢记使命担当，学习、弘扬孔书记只身赴高原的大局意识和扎根高原的奉献精神。不忘来时路，勇于开新局，让我们向着丰碑的方向，沿着孔书记的足迹前进！

好人、好党员、好干部

口述人：王玉昌，曾任阿里地区行署秘书长、普兰县县长

采访组：刘建国　洪亚彬　李菲　赵亮亮

采访日期：2014 年 5 月 28 日

采访地点：莱钢集团

阿里概况

我和孔书记一起工作一年多，他是地委书记，我是行署秘书长，工作联系比较密切。我们坐同一列火车到的成都，坐同一班飞机去的拉萨，又在同一个单位工作，私人关系比较好，我对他是比较了解的。

我先说我对阿里的感受。当时进藏就三条线，一条是青藏线，从西宁到格尔木再到拉萨；一条是川藏线，从四川经过昌都到拉萨；一条是西北线，从新疆过来，经过喀什、叶城到阿里，再到拉萨。阿里是西藏最艰苦的地方，一是路途最遥远，从拉萨

到阿里有1700多公里，到拉萨开一天会，来回走三天三夜，路上没吃没喝，连招待所也没有，只有个兵站。二是海拔比较高，阿里平均海拔4500米以上，被称为“世界屋脊的屋脊”，人到那里第一感觉就是氧气不够。在阿里，第一位是生存，第二位是生活，第三位才是工作。一般人都会有高原反应，走路快一点就感觉呼吸困难。三是地广人稀，阿里面积34.5万平方公里，比两个山东省还大，人口却只有六七万。开着车从早晨跑到中午12点也碰不到一个人，顶多下午碰到几个放牧的。

阿里的地理位置具有独特的战略意义。我最早在普兰县工作，向西走20公里就是印度，向南走15公里就是尼泊尔。这里地处三国交界处，这边是山，那边也是山，根本见不到人。

阿里军分区不归西藏军区，归新疆军区管，之所以这样设置，是国家出于对地区稳定的考虑，因为阿里这个地方离西藏军区太远了。

阿里的边境线很长，也是达赖集团经常渗透的方向，所以从到阿里第一天起，组织就给我们每个人都配了枪。我带了十年，主要用于防身。情况比较紧张的时候，我们都把手枪的子弹上膛，晚上放到枕头底下。总之，在这里工作是需要克服很多困难的。

“三好”榜样

实事求是地说，孔书记的事迹很有说服力。他身上都是正面例子，不用编造。

孔书记非常有人格魅力，人们常说的人文关怀、尊老爱幼在他身上体现得淋漓尽致。我是德州武城人，援藏后第一次回山东探亲，去过聊城，见过孔书记的母亲。老人家那时可能九十多了，坐着轮椅，眼睛睁不开，耳朵聋了，意识也不太清楚了。我记得孔书记扶着她，给她擦脸，对老人特别孝敬。

每逢春节回不了山东，我们就到楼顶上去。他说："玉昌，咱点个炮仗，朝东方、朝山东的方向，给老家人民拜个年。"我们就一起放炮仗，苦中作乐。这个细节说明他对家乡、对老人、对家庭是很思念的。

他在拉萨当副市长的时候，在墨竹工卡县羊日岗乡地震废墟上收养了三个孤儿：曲尼、曲印和贡桑。后来，一位藏族领导干部看他一个人照顾三个孩子实在太辛苦，就主动领养了年龄最大的曲尼。他工作非常忙碌，但回到家还要为曲印和贡桑两兄妹做饭洗衣。我说："孔书记你会不会太累了？"他说："我养的两个孩子，我得管啊！"他太忙或者出差的时候，就请其他人帮忙去学校接送孩子，照顾生活起居。所以说他这个人很善良，做事很周全。

孔书记非常悯恤老弱。我在普兰县工作的时候曾陪他下过乡，有一次遇到一个五保户老人，家里很穷，老阿妈也不懂汉语。我们一行人都是汉族人，只能靠给我们开车的藏族司机做翻译。当时孔书记身上有五百块钱，他问我："玉昌，你身上有钱吗?”我回答:“我身上有五百。”他说:“你给我吧!”孔书记接过钱,加上他的五百,一共一千块钱给了老阿妈。翻译一说,老阿妈感动得热泪盈眶。五保户是由国家供养的,但是当时的供养标准很低,只能提供基本生活保障。老阿妈的生活实际上还是很困难的。孔书记在这种情况下自己掏钱接济老人,可见他多么善良。他私下跟我说:“一看到老太太,就想起我的老母亲。咱老家发达一些,老人的生活条件整体比这边好。这边的老人生活更困难,更需要照顾。”孔书记这样的善举,我亲眼见过的就有两次。

好人的标准很难具体化,但是我觉得他的好是经得起考验的,不能简单地用好人一个词来概括。

孔书记还是一名好党员。他严于律己,关键时刻总会冲在一线。在阿里,由于缺氧,一场普通的感冒就极易引发肺水肿,这放在内地不算大病,在高原上却可能致死,每年阿里军分区报到的新兵里,都有一两个因此牺牲。1994 年春,孔书记去革吉县亚热区曲仓乡(今革吉县亚热乡却藏村)救灾,就是感冒引发了严重缺氧,药也吃完了,差点没挺过去。曲仓乡的海拔特别高,孔书记白天救灾体力消耗很大,深夜在帐篷里感到了强烈的高原反应,他头痛欲裂,感觉自己挺不过去,连遗书都写好了。我是从成都养伤回来才听他说的,感觉他真是一位优秀的共产党员,为了人民的利益不怕牺牲。

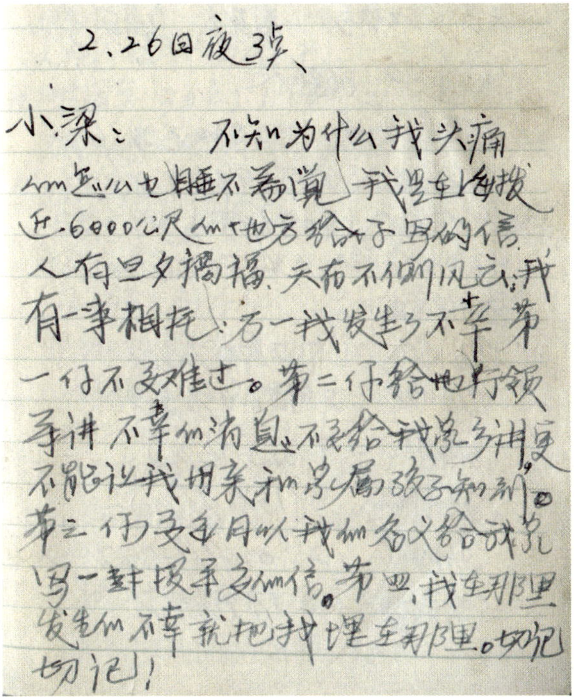
2.26日夜3点、

小梁：　不知为什么我头痛得怎么也睡不着觉，我是在海拔近6000公尺的地方给你写的信。人有旦夕祸福，天有不测风云。我有一事相托：万一我发生了不幸，第一你不要难过。第二你给地方领导讲不幸的消息，不要给我家乡讲，更不能让我母亲和家属孩子知道。第三你要每月以我的名义给我家写一封报平安的信。第四，我在那里发生的不幸就把我埋在那里。切记切记！

1994年2月27日凌晨3点，面临生死考验的孔繁森在海拔5800米的亚热区曲仓乡（今却藏村）一座牧民家的帐篷里，在工作笔记上留下的『遗书』

按说地委书记是高级干部了，但他从来没有官架子。他在济南军区当过兵，也很健谈，工作作风务实，身上有山东人的直爽和豪迈。下乡时，我们跟老百姓一块住帐篷，有时候牛就在帐篷里面转悠，他也很习惯。冬天挺冷的，牧民给我们打茶，用牛粪、羊粪当燃料烧水，水上面漂着一层粪灰，他也是接过来就喝。你说不讲卫生？那种自然环境下可能三天都喝不到水，所以卫生不卫生都得喝。再说牧民那么热情，你不喝，人家也不愿意。

对领导干部来说，廉洁奉公很重要。他平时严于律己，对下属要求也很严格，这是有目共睹的。整理孔书记遗物的时候，发现他的口袋里只有八块六毛钱，这是千真万确的。大家都觉得不可思议，他可是地委书记啊！

我认为孔书记还是一位当之无愧的好领导。他在阿里任地委书记将近两年，在这么短的时间里，做了当时最紧要的工作，建构了长远发展的思路，为将来奠定了基础，这就是政绩。

他是 1994 年 11 月 29 日出事的，27 号晚上 11 点他还给我打电话关心工作，沟通了两个材料的进展情况，一是阿里的十年规划，二是整个地区的年终总结跟第二年的工作计划。阿里的电话线路不稳定，白天打电话的人多，晚上 11 点之后才能有空隙，他知道早打也打不进来。他作为领导干部，出发的前一天晚上还牵挂着工作，始终把工作放在首位。

孔书记对解决阿里现有的问题，有自己的想法。第一个是发电问题。阿里地区的朗久村，有地热资源，热蒸汽高达 50 米，放个鸡蛋能立刻蒸熟。依托这个优势，地区曾经建了一个热电站，但后来因为建设时间长、技术不成熟、开发设备落后，就停产了。孔书记综合评估了当地的资源情况，对热电站做了一系列的改建规划，施工的方案已经评审完毕。

第二个是整个牧区和农区的发展问题。阿里有三种分布情况：一是全农业区，海拔较低，地势较平，老百姓定居在土屋里；二是全牧区，海拔很高，牛羊较多，老百姓游牧不定居；三是半农半牧区，一半种地，一半养牛。孔书记做了深入细致的调研，综合考虑农业区、牧区、农牧区的情况后，做了总体发展规划。

第三个是交通问题。孔书记积极找自治区主要领导，找计划委员会，找财政厅拨款，到拉萨以后挨个拜访。他知道交通问题、能源问题都需要资金才能解决，如果不行动，再有想法也落不了地。

就像毛主席说的："领导者的责任，归结起来，主要地是出主意、用干部两件事。"① 我认为孔书记总体思路很清晰，引入的工业项目落到阿里也很受欢迎，为当地增加了税收。他对阿里的规划是在充分调研、客观分析的前提下实施的科学决策，当时深得自治区的认可。一直到现在，很多事都是按照他当时的思路进行的。

在阿里，孔书记民族团结工作也做得很好，他制定政策、协调问题都非常及时和准确。我们那里的领导班子，专员、书记加一块 11 个人，3 个汉族，8 个藏族。我们汉族干部参加会议，藏族干部都用普通话交流，说得很标准。藏族专员跟孔书记也相处得挺好。孔书记作为班子领导，专门对我们说，咱们不能闹矛盾，不管哪个民族，咱这个班子一定得是团结的班子。

所以，让我总结的话，孔书记从人格、人品方面来说是好人，从党纪、党性方面来说是好党员，从决策、领导能力方面来说是好领导，他是一位值得我们学习的"三好"榜样。

---

① 《毛泽东选集》(第二卷),人民出版社 1991 年版,第 527 页。

新疆殉职

阿里环境艰苦，交通不畅，严重缺电，食材供应不足。新疆当时表示一定会支持阿里，为阿里提供焦炭和大米。孔书记带队去新疆谈合作，同去的有七八个单位的人，包括一个专员，还有公安处、财政局、交通局的相关干部。

我那时在行署当秘书长。孔书记原本想让我随行，但因为工作太忙，我没有去成。回想起来，如果我去了，可以提醒司机注意安全，也许孔书记就不会出事，很可惜我没去。

车祸之后，我代表行署和山东老乡去了现场，看到了当天的录像资料。车祸发生的路段平坦但并不宽，而且非常滑。西藏的司机走高原盘山路、砂石路很有经验，反而到了平路、柏油路，因为不擅长掌握路况，特别是雨雪之后很难判断路面打滑程度，所以很容易出事故。

车辆在路右侧打滑失控，冲向路左侧，下了路面以后，又冲出去将近50米，顶到一个土堆上，打了个滚，第一个把秘书科科长从后车窗甩了出去，他受伤很严重，但万幸被抢救过来了。孔书记后面，也就是副驾驶的正后方，坐的是交通局局长李久成，他没被甩出来，但脸上、身上都沾满了血。司机伤得最轻。

孔书记系着安全带，没有被甩出来。在医院太平间，我看到他的遗体，右脸整个一片都是淤血，颜色发紫，左脸也有一点。

当时在车祸现场，后面的人赶上来，摸着孔书记身上还是热的，但已经一句话都说不出来了。车祸太突然了，哪怕留句话也行呀！他当时已经不行了。肋骨扎进了心脏，心跳停止了。

处理后事

我印象中是 29 号下午 3 点，阿里在新疆乌鲁木齐的办事处打来电话，说：孔书记出事了！出车祸了，人不行了！大家得知这个消息之后都蒙了。办事处让我们准备去新疆处理后事，安抚家属、善后、处置现场、安排火化……我们需要帮他取回放在新疆办事处的行李，要在新疆安排火化，还需要完成申报烈士的工作，一系列工作并不简单。想到他去世了，我们非常悲痛，情绪非常低落，但必须坚强面对。

我全程参与了他的后事。那天，我和阿里的组织部部长、民政局局长、政协主席一起冒着大雪坐车到了南疆军区，和复员军人一块上了飞往乌鲁木齐的专机。那天雾很大，一上飞机空乘人员就说，昨天到乌鲁木齐的飞机都没法降落。在那种恶劣危险的天气条件下，机长全力保驾护航，我们当天晚上终于赶到了。

当时的西藏自治区常务副主席郭金龙、党委秘书长李立国和一位姓梁的副主席也到了现场，一起商量处理后事的细节。在乌鲁木齐医院，孔书记的哥哥提出给孔书记买顶礼帽，因为他在世时喜欢戴礼帽，再给他换双新鞋。我说没问题，下午我就带着西藏自治区的组织部部长和孔书记的哥哥一起给孔书记买了新鞋和新礼帽。医院太平间很大，冰柜跟大抽屉一样，有四五层。拉开以后，我看了一眼，真的很难受。

我和自治区组织部部长，还有孔书记的侄子和一位民政局局长，四个人一起把遗体抬到车上送往火葬场。到了之后，我交代入殓师要好好为他整理遗容。第二天早晨，新疆的一位副书记、一位副主席，还有新疆军区一位参谋长也来遗体告别。整理后的孔书记的遗容看上去很得体，之后就是火化仪式，孔杰去了，拿酒倒在雪地里。花圈很多，全烧了。

我去新疆之前，阿里一个人大副主任提出请求：孔书记是个好人、好党员，我们想把他的骨灰留下，请你想法带回来！我跟孔书记的哥哥提，大哥说别拿了，分得太零散了不太好，就分聊城和拉萨两处吧。处理完后事，我们就回阿里了。阿里也进行了一些纪念活动，并建了衣冠冢。

孔书记这个人，我想强调一句，好人，心太好。他的司机小杜是湖南的，自己的司机、自己的车，驾轻就熟。换辆车、换个司机，对路况不熟悉，很容易出事。当时在新疆考察完以后，小杜提出来回湖南老家一趟，孔书记就同意了，按说这时候不应该让司机休假，可孔书记时时刻刻都先为别人考虑。

我至今还记得那一幕：我走进阿里在乌鲁木齐的办事处，第一眼看到的就是那个熟悉的小药箱。孔书记习惯带上它随时随地为老百姓看病，去新疆出差也不忘背着。我打开药箱的盖子，里面有一个照相机、几片药。可是它的主人已经不在了，再也不能背着它为老百姓看病了。

风范永常在　光焰照后人

口述人：党宗莲，曾任阿里地委组织部干部科科长

采访组：刘建国　李菲　赵亮亮

采访日期：2017 年 11 月 2 日

采访地点：成都怡家宾馆

忠诚为民赤子心

孔繁森同志是“领导干部的楷模”，他已经离开我们二十多年了，虽然时过境迁，但他的精神历久弥新。

我有幸在孔书记身边工作了一段时间，他的言行举止给我留下了很深的印象，对我的世界观改造以及人生目标的定位产生了巨大影响。

1992 年年底，自治区党委任命孔繁森为阿里地委书记，时任拉萨市副市长的孔繁森，因为与香港的在谈项目尚未完成，直到 1993 年 4 月才到阿里任职。到任后，孔书记需要尽快了解地区干

部情况，我当时任地委组织部干部科科长，就由我向他具体汇报。当时阿里人口只有六七万，干部基数也很小，全地区干部2000多人，县级干部有150多个，科级干部接近500人。据说，孔书记因当年在岗巴坠马，头部受伤，记忆力有些变差。为了短时间内尽快掌握干部的基本情况，孔书记一直问，反复问，可以说是事无巨细，不厌其烦，所以很快就摸清楚了一百多名县级干部的基本情况。

1994年5月底，我和计划委员会（现在叫发改委）的同志陪同孔书记第一次下乡，一方面要了解当地政治经济发展情况，另一方面了解干部情况。第一站到达噶尔县的门士区（今门士乡），孔书记坚持他的工作习惯，先去看望本区的老百姓。他径直走向一顶低矮的帐篷，把门帘掀起来，喊了两声："有人吗？有人吗？"里面光线很暗，我们都跟在孔书记后面，定了定神，慢慢地才看清帐篷内的情景：家徒四壁，有两位藏族老阿妈，其中一位看样子生了病，蜷缩在空荡荡的地上，连铺盖都没有。阿里的五月份还是挺冷的，孔书记快步走上前去，把生病的老人扶了起来，一边抓着老阿妈的手轻轻地捏捏，一边问："这儿疼不疼，你哪儿疼？"他轻柔地、慢慢地活动着老阿妈的关节，又查看膝盖肿到什么程度。那种神态和语气，真的像是对待自己的老母亲一样，自然、亲切、和善，我们在旁边很受感动。

老阿妈说："腿疼，胳膊疼，眼睛也不好。"孔书记对我们说："到车上把小药箱拿过来。"然后他一边对症取药，一边询问老人病情和家里的情况。老人说，她们都是孤寡老人。孔书记又摸了摸地说，老人怎么能在这么凉的地上待着呢，没病也要冻出病来。孔书记在帐篷里走走看看，没找到任何食物，就对我们说："去把我们带的吃的全部拿下来。"阿里不像内地有饭店，我们都是自己带上喷灯、高压锅、挂面、生肉等，碰到小河，就在河边用喷灯、高压锅烧点儿水，下点面条吃。

我们把东西一点儿不剩地全给了老阿妈。她年老体弱，不善于表达，并没有说什么感谢的话。当时跟我们一同下乡的还有一个刚工作不久、内地来的大学生，觉得我们下乡要半个多月二十天的行程，吃的全都给了老阿妈，自己咋吃饭？就不满意地嘟囔道："你看，东西都给她了，我们吃什么？她连个吐吉切（谢谢）也不说。"孔书记当时就批评那个小同志："你说啥呢，你怎么这样说话，你给群众做了什么，你做了多大的贡献，就这点儿小事你还要求回报，马上通知区里的领导过来。"我们被说得很服气，都不敢吭声了。

待区里的领导过来后，孔书记说："我到普兰、札达，估计也就半个来月，还要回来。我给你们布置一下，第一，尽快给老阿妈做个草垫子"，他说着的同时，还不忘在那儿比画要做多厚。"这样的天，你们家老人住这样的地方能行吗？没病都冻出病来了。""第二，马上把乡卫生所的医生都叫来，给老阿妈好好检查，给她治疗。我回来以后要检查。"门士区的领导说尽快落实。等我们返回的时候，门士区已经按照孔书记的要求，给老人做好了草垫，还资助了他们一些生活物资，两位老人看上去精神好多了。

门士区到札达县有200多公里，那时基本没有路。大草滩、砂石路，哪个地方平一点儿我们就从哪里走。途中，经过著名的老子达坂和小子达坂（这两个达坂是进入札达县途经的两个山口）的时候，全是黄沙，把路都掩埋了，我们只能从沙里面走。车子陷到沙里打滑出不来，孔书记马上跳下车，把大衣垫到轮胎下面，我们也纷纷从车上下来，跪在地上，徒手挖沙子。经过大家不间断地挖、推、抬，最终把车弄了出来。

我们走了很远也见不到一户人家，直到晚上才零零散散看到几户老百姓，就朝着灯亮的地方过去了。阿里地广人稀，但人与人之间非常亲，到了老百姓家里，他们拿糌粑、生肉等当地食物非常热情地招待我们。孔书记的肠胃不好，但他还是会叮嘱我们："老百姓吃啥，咱们就吃啥，不准有任何不高兴的表情。"捏成坨的糌粑、干肉还好点儿，对于生肉很多同志真的是接受不了，但是孔书记吃，我们也就跟着吃。之后的行程中，孔书记肠胃难受，一会儿停车要吐，一会儿肚子不舒服上厕所，但即便这样，一路上他也不准我们跟老百姓提任何要求，真的就是老百姓吃啥我们就吃啥。他说，这样才能接近群众，跟老百姓打成一片，群众才能相信你，才能给你说真话，才能听到群众的心声。

就这样一路颠簸着到了札达县，孔书记不顾长途奔波的疲惫，马上到县委书记、县长家走访了解情况。当时札达县只有

5000 多人，县财政收入一年才 17 万，非常穷。面对县领导诉苦、列出的十五六条困难，孔书记看在眼里，急在心上，连夜加班加点开会研究。

我觉得孔书记除了不关心他自己，对援藏干部、对弱势群体，对任何人他都非常关心。当时，札达县的援藏干部刘明书记脚烫伤了，孔书记问长问短，还多次到医院看望。大家都没想到，在阿里这么艰苦的地方援藏，能遇到这么好的大哥。这对远离家乡、远离亲人的我们来说，真的是莫大的安慰和鼓励。

发展能源送光明

当时阿里地区能源奇缺，没有电，虽然很早建设了朗久地热电站，但真正发出电，却是在孔书记来了以后。

朗久地热电站当初设计规划每年发电 3000 千瓦，假使能发出 1000 千瓦的电来，就能解决狮泉河地区生活照明问题。但由于地热资源不太稳定，加之前期勘探工作做得不到位，发电断断续续。朗久地热电站原本是有 120 多名职工的企业，久而久之员工也不去上班了。

孔书记去了之后，觉得要解决阿里的发电问题，朗久地热电站是一线希望，就重点扶持这个单位。

由于地热水辐射大，地热电站很多同志牙齿不行、胃不好，孔书记还给他们解决了一些生活补助。当时，我爱人在朗久地热电站负责业务工作，孔书记于 1994 年 11 月赴新疆考察之前，有一次在我们家里聊天，他就问我爱人，说："解决我们阿里的发电问题，除了这个朗久地热电站，还有没有其他办法呢？比如说，风力发电，甚至小型的核电站呢？"我们那时候没听过核电，也搞不清是什么，大家还在一起探讨了很久。

当时孔书记还说，从新疆回来以后，要对朗久地热电站的班子进行配备、加强，解决干部职工生活上的困难，确保他们在这个单位工作的稳定性。没想到他去新疆考察发生了意外，我们都很难过。

慈爱胸怀暖孤儿

孔书记把收养的两个孩子——曲印和贡桑也带到了阿里，他有时会在星期天带着两个孩子去买东西。当年的阿里只有一个国有贸易市场，里面黑洞洞的，人进去之后要适应半天，才能看清里面的情形。东西也很少，基本什么也买不到。商场里的袜子只有一种叫红双喜的，无论男女老少都只能穿这种。记得那俩孩子冬天没有衣服穿，我还给他俩用大人的棉衣改过两件小衣服。正是由于当年的阿里物资极度匮乏，有钱也买不到东西，故而形成了一种习惯，只要阿里人一出差，大家都围上去列单子，请人家帮着买这个、带那个的。

即便条件这样艰苦，孔书记一到星期天总会抽点时间尽量陪陪孩子，给他们带来点儿欢乐。但是大部分时间他比较忙，既要开会又要下乡。孔书记下乡时就把那两个孩子留下，当时地委行署很多女同志都帮着带。那时我们也不太会藏语，就通过边说边比画的方式，照顾俩孩子的生活起居。不得不说，两个孩子跟孔书记的感情很深，孔书记要是下乡一个星期没回来，两个孩子就受不了，闹情绪很严重。

坚守原则管干部

孔书记对干部要求非常严，对干部的情况了解掌握得很全面，哪里不太清楚就会把我们叫过去，问得特别细。他任命干部的条件也是很严格的，达不到就是达不到。他说："干部是决定一切的因素，我们的干部自身不正，怎么带队伍?"那些跟老百姓感情不深厚，态度行为居高临下的干部，在孔书记那儿根本过不了关。有一次研究干部任命，在会上个别领导有点儿和稀泥，孔书记很生气，一拍桌子，戴上礼帽就离场了。孔书记就是这样坚持原则，绝不将就，是非常耿直、正直的一个人。

1994 年召开的中央第三次西藏工作座谈会，作出了全国支援西藏的重大决策，确定了"分片负责、对口支援、定期轮换"的援藏方针。阿里确定由河北省和陕西省来支援。之后，河北和陕西的组织部都来了人，自治区组织部领导陪同他们一起来的。孔书记提出了我们需要的干部的标准：政治上要坚定，对群众要有感情，能吃得了苦，等等。

孔书记就是这样的，在干部问题上绝不将就。他说，提拔一个干部就是树立一种导向，我们要是将就一个，对下面就会产生很坏的影响。

榜样光辉照后人

孔书记那种廉洁奉公、无私博爱的精神，对今天的领导干部来说依然有深刻的教育意义。让我感到遗憾的是，受客观条件的限制，孔书记很多感人的事迹没有被记录下来，我们现在挖掘、宣传得还不够。他一个地委书记，在那样艰苦的生活条件下，还能无私无畏，全身心地帮助他人，现在条件这么好，我们更应该加倍努力地工作。当遇到困难挫折的时候，想想孔书记当时是怎么做的，就能获得鼓舞和激励。

藏族同胞在孔繁森阿里的家中做客

我觉得我自己接触书记这些事迹以后，自身有了个定位，觉得人生在世，尤其我们是从艰苦的地方历练过来的，在位一天就要好好工作一天，但凡有一点儿的小本领，都要用于服务群众。后来我调至自治区组织部工作，对基层来的同志真的是特别热心。我们机关党委书记总结了几个“一”，即一杯热茶、一把椅子、一句问候的话，一定要这样做。基层来的同志都说，每次到组织部去，确实感到了干部之家的温暖。

总的来说，我是孔繁森精神的受益者，能遇到这样一个好领导，也是我一生中幸运的事。

爱的最高境界是爱人民

口述人：任建春，曾任阿里地区日土县委副书记

采访组：刘建国　赵亮亮　郜雪梅

采访日期：2018 年 1 月 31 日

采访地点：德州禹城

天寒情意暖

孔书记在阿里期间，工作方面我跟他接触挺多的。我大概一个礼拜从县上回地区一次，有时候两三个月回来一次。每次回来我都到书记那里坐一坐，汇报一下情况。

在阿里，书记住在地委院子里。那时候条件差，不像现在有空调和暖气。他的房子是两层楼，一楼有一个小客厅、厨房和洗手间，二楼是两间卧室，冬天特别冷，只能在客厅里烧一个焦炭炉子。阿里物资匮乏，焦炭都是从新疆运过来，而且是定量的，每个职工每年发一吨。在阿里，每年烤火至少要烤八九个月，每

年的9月上旬开始生炉子烤火，一直到第二年的5月，这些焦炭就算省着烧，也不一定够。冬天最冷时，气温低至零下40多度，生着火也还是觉得冷。

尽管生活条件艰苦，但书记对我们很关心，我们感到心里暖融融的。周末我们有时会到书记家里面做饭、包饺子。夏天有菜没有肉，因为电不稳定、储存条件差，鲜肉很快就变质；冬天有肉没有菜，因为交通运输条件不行，新鲜蔬菜运不到。包饺子最简单，有面就行，只需要一点点蔬菜就能包好几个人吃的。大家在一块儿包饺子也很热闹、很高兴，就像回到山东老家一样。

爱人胜爱己

书记到日土县来，我也陪他下过两三次乡。1993年冬天，他到日土县的日松区德汝乡（今日土县日松乡德汝村）搞调研，他的药箱随时都带着，遇到老人、孩子有病不舒服的他都要问一问、看一看。那时候消炎药很少，药箱里主要是常见的感冒药、退烧药、治拉肚子的药。书记对老百姓非常关切和热情，这都是我亲眼看见的。还有一次，自治区政府副主席次仁卓嘎到阿里调研，书记陪同她到老百姓家走访。1994年春阿里发生了雪灾，日土县雪下得也比较大，他到牧民家里调查情况，对老百姓的疾苦特别关心。

孔繁森（左二）陪同西藏自治区副主席次仁卓嘎（左三）带领的考察组在阿里了解雪灾损失情况

我印象很深的是有次到孔书记家里去，看到他正在给收养的两个孤儿洗衣服。他去阿里的时候，把两个孤儿都带去了，在阿里上小学。尽管平时工作很忙，但是他不让公务员帮着洗衣服，都是一早一晚他来洗，不给别人添麻烦。

真实的孔繁森比文艺作品中的还令人感动，他的为人处世我们都有真切体会。他宽以待人，从来不会简单粗暴地处理问题，对有错误的同志也不会全部否定，所以谁有困难都愿意找他。我们这些年轻援藏干部当时都是二三十岁的年纪，书记对我们既像长者对晚辈那样爱护，又像朋友那样对我们关心体贴。

我跟书记最后一次见面，是他去新疆前一天。那天早上到他家去，他说马上要去新疆了，跟我交代了一些事，让我好好工作，严格要求自己。

我 11 月 29 号那天从拉萨出差回到县里，30 号就听到孔书记出事的消息。那时候通信条件很差、信息比较闭塞，消息是从日土县的一个自由市场里，听从新疆来的车辆驾驶员说的。那天我正好在县委书记张孝玉家里吃饭，他是和孔书记同一批进藏的干部。我们听了以后非常吃惊，赶紧问消息是从哪来的。因为县里连长途电话都没有，都是卫星电话，电话号码四五位，通信条件很有限，也很难向和他同行的人员求证。

到30号夜里，我们才接到地区的正式通知，孔书记真的不在了。我们都觉得非常痛心，阿里失去了一位好领导，我本人失去了一位淳朴善良、热情厚道的老大哥。他说过一句话，“一个人爱的最高境界是爱别人，一个共产党员爱的最高境界是爱人民”，在我心里，他爱别人、爱百姓，远远超过了爱自己。直到今天，我依然非常怀念他。

永恒的丰碑

口述人：李玉建，曾任阿里地委副秘书长

采访组：刘建国　钟晓冰

采访日期：2013 年 11 月 29 日

采访地点：孔繁森同志纪念馆

孔繁森书记在阿里任职期间，我跟他工作来往很密切，对他了解得也比较深。我认为孔书记有自己独特的工作方法，这些方法甚至可以称得上是工作艺术。他极具建设性的工作思路、待人亲切和蔼的态度、不怕困难的牺牲精神，让人在深受感动的同时，又能得到启发。

振衰起弊促发展

孔书记到阿里赴任后，首先对当地的基本情况进行了摸底。一是阅读各部门的汇报材料，二是找相关的领导谈话，三是去县、乡调研。当时阿里行政区域划分比较特殊，县下设区公所，区公所下设乡。30个区公所，孔书记几乎都跑遍了。

地直、机关各部门，孔书记都亲自考察、了解情况。他还去看望慰问了一些老领导、老同志，向他们请教阿里的发展问题。他很谦逊，对老同志非常尊重，态度也很诚恳，所以他们也没把孔书记当外人，说的都是心里话。孔书记就是这样在短时间内迅速摸清了阿里的情况，与阿里的干部群众结下了深情厚谊。

无论大会小会，孔书记都反复强调："阿里要发展，我们干部必须解放思想、更新观念!"以往我们都没有意识到阿里闭塞落后的现状是需要改变的，孔书记的话可以说是振聋发聩。以前在阿里当干部，"躺平"是常态。自治区领导去了都说，"你们在阿里躺着就是贡献"，为什么？因为阿里地区面积有34.5万平方公里，有1000多公里的边境线，只要能保住这个地方就有功。我们身处如此偏僻、落后的地方，通信闭塞，想给家里打个电话都很费劲，所以很少去思考怎么改变现状。

孔书记来了之后开展了一系列的干部教育活动，说："你们一定要解放思想、更新观念，不换脑子就换位置，不想干的人就让位给想干的人。"其实孔书记并没有真免谁的职，但在他的带领下，阿里干部和群众整体的思想状况开始转变，大家更积极向上了、更有责任心了，有了主动学习、了解外界资讯的意识，渐渐也能跟上全国改革开放的大潮了。同时，孔书记积极地到自治区找各个部门的领导，希望上面能多为阿里提供一些项目，多支持阿里的建设，推动阿里尽快摆脱落后的现状，跟上自治区发展的步伐。为了阿里的发展，他可谓呕心沥血。

他对我个人的影响也是深远的。当时我是地委副秘书长，他对我说："你也是领导干部了，一要加强学习，不断提高自己的素质，提高自己的修养；二要一碗水端平，在民族地区特别要注意，无论哪个民族、哪个县、哪个部门的干部，我们一定要公平、公正地对待。"他还经常对我说："我们个人的力量很渺小，但只要能做到全心全意为人民服务，就是合格的干部。"孔书记干工作不是只讲道理、喊口号，而是实实在在地践行党的宗旨，实实在在地帮助当地群众发展。

抓铁有痕作风严

孔书记工作作风扎实，敢于冲在一线、勇当先锋。1994 年春，阿里遭遇多年不遇的罕见雪灾，我带着秘书、记者陪同他下乡了解情况。灾区遍地都是牛羊的尸体，群众损失严重。由于高原反应，孔书记头疼得睡不着觉，但他还在坚持工作，去群众家里调研，看粮食有没有、牛羊损失到什么地步、饲料缺到什么程度，等等。他说了很多暖心的话，"党和政府会关心、帮助你们渡过难关"，"希望你们自强自立，自力更生，重建家园"，给老百姓打气鼓劲，帮助群众树立抗灾救灾的信心。

去了几个最艰苦的乡以后，我跟孔书记说：“书记，咱们该看的也看了，该拍的录像也拍了，咱们是不是该回地区，给自治区汇报了?”孔书记狠狠地批评了我，他说：“我们下来不是拍个照、录个像，给上级汇报一下这么简单，而是要了解具体灾情，好让上级及时了解、掌握情况，及时给我们救济。更重要的是，一定要见到基层的群众和干部，一定要动员群众恢复生产，重建家园，必须给他们树立信心，这才是我们最重要的任务。你这个工作作风太浮躁!”听了孔书记的话，我既惭愧又感动，从那以后直到现在，我都以孔书记为榜样，一步一个脚印，扎扎实实工作。

孔书记是一个很讲原则的人，对谁都是一视同仁，不会因为对方的职务高低而区别对待。1994 年，自治区组织部和对口支援阿里的陕西河北两省的相关领导来阿里调研。他们从拉萨出发，路上走了四五天。到了阿里，有些干部高原反应比较大，想在狮泉河住两天就回拉萨，剩下几个县不愿意去了。孔书记毫不留情地说：“你们是做组织工作的，自己都没实地考察，回去怎么选派干部来这里工作呢?”这几个干部被说得非常不好意思，坚持到每个县做了详细的调研才回去汇报，1995 年来阿里上班的那一批援藏干部就是这样选派出来的。援派干部来到阿里能认真工作、切实为当地的发展做贡献，和前期严谨细致的选派工作是分不开的。

平易近人暖民心

孔书记既讲原则，也重感情。他擅长做群众工作，能够设身处地站在群众的角度去倾听他们、理解他们。往往别人说服不了的他能说服，别人做不通的工作他能做通。

1993年冬天，我陪着孔书记到门士煤矿看望那里的工人。当时气温零下三四十度，他不顾严寒，下井调研，和工人交谈。其中，他和一位矿工的谈话让我印象非常深刻。孔书记说："我听你的同事们说你喜欢喝酒，酒瘾比较大，咱以后不能这样。第一，你有老婆孩子，需要养家，经济也这么困难；第二，喝酒伤身体，虽然天气寒冷，喝点酒能御寒，可也不能喝这么多呀！"他不讲大道理，就是用非常接地气的方式与人聊天。听了他的话，这个工人决心戒酒，他说："我一定要照顾好自己的身体，照顾好孩子。"

途中，孔书记还去慰问了部队官兵。他知道战士们吃不上新鲜蔬菜，鼓励他们自力更生："到冬天了，咱们一直没菜，你们要把温室建起来，有什么困难我们一定提供帮助。"后来，孔书记还真帮他们建了双层膜温室大棚。零下三四十度的天气，大棚里要放上油桶、架上炉子才能达到适合蔬菜生长的温度，战士们自己动手种菜吃，由此解决了对蔬菜的部分需求。

我们那时经常一起散步，有时到市场里转转，有时到其他干部家串门。有一次我陪着孔书记上街，碰到一个小战士买了一盒红塔山，当时一盒红塔山 13 块钱呢。他就问："小战士，你津贴是多少呀?"小战士说百十来块钱。孔书记说："一个月才一百多块钱工资，你说抽那么好的烟能行吗？以后呀，你少抽烟!"说完，孔书记自己掏钱买了一盒红塔山送给这位小战士。孔书记没有一本正经地讲大道理，还买烟送给他，这个小战士又感动又羞愧，后来也戒烟了。

孔书记时刻牢记自己是一名党员，谨记党为人民服务的宗旨。不管是机关干部还是普通群众，只要到他家找他，他绝对是先让进门，让座倒水，然后不厌其烦地听他们反映情况，从来没有说不耐烦，不会说今天没空、明天工作忙或者身体不好不见了。哪怕已经凌晨两三点钟了，只要干部、群众该说的还没说完，他就不休息。

他经常对我说："在少数民族眼里我们是老大哥，在群众眼里我们是党的干部，我们的言行就代表党的形象，所以我们做什么事都必须慎重。"他是这样说的，也是这样做的，不管群众有多大困难，只要在他的能力范围之内，能帮助解决的立即帮助解决；一时解决不了的，向上级反映争取列入计划逐步解决；确实没能力解决的，一定给群众和基层干部做好解释工作，消除大家的不满情绪。孔书记做工作能做到人心坎里，所以深得大家的拥护和爱戴。

关爱后辈好兄长

孔书记关爱下属、体恤后辈，没有领导架子。他是山东烹饪学会聊城分会的名誉会长，做饭手艺很不错，经常给我们露一手、弄个小菜，还教我们做饭。下乡我们坐一辆车，下车之后，不管住哪里，我们都在一个锅里吃饭。

孔繁森（后排右二）和同事下乡途中合影（前排左二为李玉建）

1994 年阿里遭遇雪灾，零下三四十度的温度，我们下乡，没有宾馆招待所，住宿就是在区公所找个会议室，沙发铺上卡垫，盖上自己带的鸭绒被，加个压风褥子，生着炉子凑合一晚。屋里滴水成冰，早上起来，被头上都结了冰。我那时 30 岁，另一个同行的同事才 20 多岁，早上冻得连床都不敢起，就那么哆哆嗦嗦地蜷在被窝里。孔书记作为五十岁的老大哥，一路照顾着我们。他总是比我们早起床，把炉子加上牛粪羊粪烧热，把早饭做好，来叫我们："小伙子们，饭做好了，起来吃早饭。"这样，我们才陆陆续续起床。我们本来应该为书记服务，反而是书记帮助、照顾我们，这让我们非常感动，这种领导和下属的关系是很多人难以想象的。

孔书记带头坚守岗位，做好工作，严于律己，宽以待人。作为领导，他工作非常忙碌，有时身体吃不消，即使病了他都不愿意让人知道。有一次开地委会，所有人员都坐到会议室里了，他还没到。会议快开始了，我赶紧跑到他住处，看见他出现了严重的高原反应，正在输液。我说："书记，咱们这个会要不要推迟一下？"他说："不要推迟。"然后自己把针头一拔，急急忙忙就赶到会议室开会。他连胶布也不绷，就因为不想让其他领导知道他打吊针，还嘱咐我对谁也不能说。而有一次我因为工作劳累，得了急性肾炎，我一住院，孔书记就领着副书记、副秘书长到医院里看我，让我心里暖洋洋的。这两件事一对比，就能看出孔书记的品质：他不愿意给别人添麻烦，对别人的事却不怕麻烦。又比如，他自己很少请假，但其他同志遇到家里有事情，来找他请假，他会说："只要你手头没有什么紧急的事情，正常工作移交给别人，你就抓紧时间回去办事。"我觉得这样的领导实在是太难得了。

孔书记公私分明，不沾公家一分钱便宜。我跟他去拉萨开会，内地很多朋友来看他，他请朋友吃饭都是自己掏钱。我想替他结个账，他不让。他说："第一，你不能替我结账；第二，咱们不能让公家报销。这是我的朋友来看我，是我个人的事，我拿自己的工资请朋友吃饭是理所应当的。"

他对下属、对年轻干部极其慷慨，平时我们两口子经常到他家蹭饭。他总是对我说："你看我是书记，毕竟困难小一点，办法多一些，各方面物资也比你们丰富一点，所以你们来吃顿饭不要有心理负担。"他心思非常细腻。有一次我爱人过生日，邀请他到家里吃饭。他和小梁拿着两瓶酒来了，来了以后发现坐了很多年轻人，聊得热火朝天。他坐了几分钟，感觉大家有点不敢说话，对我说："我家里刚才约了个事，我先回去处理下。"就先走了。一会儿，饭做好了，我去他家叫他，他说："我不是真有事，你们那么多年轻人在那里，我往那一坐，大家很拘束，也玩不好，我就不去了。"他总能站在别人的角度考虑问题，宁愿委屈自己，也不让别人为难。

苦中作乐真性情

孔书记有"三件宝"，随身离不了，第一是礼帽，第二是拐杖，第三是小药箱。他跟我们开玩笑说："看咱们山东人多懂礼貌，戴个礼帽。"实际上，戴礼帽是因为阿里的风沙特别大，一刮风他头疼，戴帽子能稍微好点。拿拐杖是因为他高原反应比较严重，阿里山地多，下乡时走路拄个拐杖稍微省力些。带药箱是为了下乡时遇到老百姓头疼脑热，能随时给他们拿药。这“三件宝”既体现了孔书记与高原气候顽强抗争的精神，也凝聚着孔书记对老百姓的拳拳爱心，给我留下了很深刻的印象。

孔书记对他收养的孤儿曲印、贡桑关怀备至，每周都给孩子洗澡、洗衣服。他给孩子买新衣服一点也不吝啬，却什么也不舍得给自己买。我们下乡一起住，看到他内衣、毛衣上都是补丁和窟窿，真让人很心酸。但他的外套又总是干干净净的，他说，外套穿得不干净整洁，是对别人的不尊重。孔书记总是这样，自己扛下所有的辛酸、疲惫、病痛，把好的一面呈现给别人。

孔书记很幽默，和他在一起总是被逗得很开心。记得 1994 年刚过完春节，我们就下乡抗击雪灾了。正好过两天就是元宵节，那时候街上没有卖元宵的，孔书记说：“玉建呀，咱们在乡里过元宵节，你想办法整点元宵面、元宵馅，咱带上下去包元宵吃。”我说行。到了区公所，我们点着羊粪炉子包元宵，他说：“咱包个石子进去吧！”我说：“书记，这不行吧？”他说：“好玩！”趁我没留意，他真包了一个。包完了以后我负责煮，他问我：“你都煮完了吗？”我说：“煮完了。”他说：“里面有石子，看看谁中奖！”大家吃的时候，都是打开看看才敢吃。虽然自然条件艰苦，但孔书记苦中作乐的精神感染着我们，让我觉得那段相亲相爱、互帮互助的日子很值得怀念。

中国有句俗话，“忠孝不能两全”，援藏干部们都是舍小家、顾大家。我们也会一起唠家常，一聊起他的老母亲，孔书记总是掉泪。他最喜欢唱的一首歌就是《说句心里话》，我们也都跟着唱。有一次，我对书记说：“我这三年还没休假呢，是不是让我休个假。”书记说：“我这五年，除了开会出差的时候偶尔回家站站，整整五年没休过假呢。”书记看我不吭声了，又善解人意地说：“咱们家离得这么近，这样吧，今年冬天，咱俩一块休假，一块回家。”

没想到，还没等到休假，书记就走了。他走之后很长时间，我总觉得他没有离开，他还活着。孔书记的很多事迹并不是惊天动地的大事，都是点点滴滴的平凡事，却给了我们深深的心灵震撼。很多不愿意在高原地区工作、想调回内地的干部，因为受他的影响，选择了留在阿里、留在西藏，我就是其中一个。我已经在阿里工作30多年了，始终老老实实做人，踏踏实实做事。我觉得自己算是孔繁森精神的一个直接传承者，为西藏的发展做了一点工作，也算是没有辜负山东人在外一贯的好口碑。

党和国家一直把弘扬孔繁森精神作为一项重要工作，扎扎实实地推进，不断影响着一代又一代的援藏人。每年清明节，咱们山东的援藏干部都会专程赶来阿里，到烈士陵园祭拜孔繁森。来阿里的领导干部、普通群众，也会主动问孔繁森墓在哪里，然后专门去瞻仰。孔繁森的影响不是稍纵即逝的，他是永远活在人民心中的好人、好领导、好榜样。

我也发现，现在的年轻人作风有些浮躁，有的来阿里嫌汽车慢，要坐飞机，有的工作不愿下力、不愿吃苦，有的一看地方太艰苦，甚至连档案也不要、工作也不要，二话不说就跑回内地。在这种情况下，我们更要大力弘扬传承孔繁森精神，教育和影响一代又一代的建设者扎根边疆、扎根高原，帮助咱们边疆少数民族地区发展经济、改善民生、促进社会稳定和全面进步。

一面旗帜　一根标杆

口述人：王惠生，曾任阿里地委党校校长

采访组：刘建国　李菲　赵亮亮

采访时间：2017 年 11 月 5 日

采访地点：成都怡家宾馆

朴素廉洁办实事

我是回族人，出生在北京，1967 年积极响应“上山下乡”的号召去了东北，1979 年参加了援藏培训班，来到西藏。我曾在拉萨市文教局工作，后来调去了阿里地委党校，一共在阿里工作了 30 年。

孔书记是 1988 年第二次援藏时到拉萨担任副市长的，分管文教工作，我和老同事交流时经常听大家提起他。所以，1992 年，我听说他要来阿里任职，也并不觉得陌生。

1993 年 4 月，我接到通知去地区参加欢迎告别会。那时候孔书记刚来阿里没几天，正和阿里原地委书记贡觉次仁交接工作。见面时，孔书记对我说："你放心好了，我在的时候一定把党校搬过来。"当时党校位置偏僻，不通电，用水也不方便，这么差的条件既不利于教职工安心工作，也不利于学生学习，学校发展也很慢。听到孔书记的话，我内心很感动。孔书记刚到阿里就去各处调研，下乡了解相关情况。他还要调整干部，需要征求一些意见，当时也找我谈了话。他挺朴实、没有架子，给我留下的印象很深刻。

孔书记来阿里后，我邀请他来党校上课，他答应了。这是他第一次来党校，我们按当时正常的接待标准，给他准备了 4 盒红塔山香烟。他在职工宿舍休息，我们把烟拿过去，他看到后问我："你怎么买这么好的烟？"我说："你来了还不买两盒？"随即就打开给他。他没有拿，说："这烟太贵了我不抽，下次来人招待再用吧，以后不要买这样的烟了。"第二次他来的时候，我们就没再准备。

孔书记殉职后大概一年多，接任他的达瓦次仁书记很快落实了党校的搬迁。我想，一定是孔书记曾多次跟他提过这件事，所以才能在这么短的时间内解决。

标杆旗帜耀阿里

1994 年 9 月，自治区通知我赴北京参加第二次全国民族团结进步表彰大会，阿里地区受表彰的有孔书记、丹增旺扎活佛和我。

当时孔书记因工作原因未能亲自参加，他的证书和奖章就由我代领。回到自治区后，我先向时任自治区民委主任的贡觉次仁汇报了相关情况，得知自治区也将召开表彰大会，对相关人员进行表彰，并统一颁发奖章。

1994年9月，孔繁森获『全国民族团结进步模范』称号，图为证书及奖章

我是在参加自治区党校会议期间，突然听到孔书记去世的消息的。当时我还不太相信，便到阿里在自治区的办事处了解情况。确认他因公意外殉职，我很震惊，也倍感遗憾。

孔书记去世后，我承担了宣传孔繁森事迹的任务，为此更详细地查阅了他的相关资料，对他也有了更深的了解。他对党忠诚，为人和善，跟基层干部、群众、职工很亲近，我感觉领导干部就应该这样，老是高高在上谁能信服？人民群众最痛恨腐败现象，而孔书记始终严于律己，连正常接待标准的香烟也拒绝接受，这就是最好的例子。

我也很钦佩他对父母的孝心。他只要回聊城，一有时间就陪在老人身边，给老人喂饭、洗脚，陪老人上街转转，他的孝行为我们传承中华民族的传统美德树立了标杆。

那个时候我就想，一定要用心宣传好孔繁森的事迹，让更多的人知道孔繁森、了解孔繁森。很多单位主动邀请我去做报告，聆听报告的干部职工莫不被深深打动。

90 年代中期，孔繁森事迹在社会上引起了强烈反响，彰显了人民群众对楷模精神的渴求与认同。我从心底感谢孔书记，也感谢山东省委选派这么优秀的干部支援西藏。他虽然离开了我们，但他的光荣事迹让更多的人知道阿里、关注阿里，这不仅给阿里的发展带来了机遇，更给我们留下了宝贵的精神财富。

言行一致的好干部

口述人：班登群培，曾任阿里地区措勤县委书记

采访人：李菲

采访日期：2016 年 8 月 12 日

采访地点：拉萨市河北大厦

对待战士亲如家人

孔繁森去阿里上任，第一站就到了措勤，那是我和孔繁森第一次见面。当时措勤条件很差，他到了之后匆匆忙忙找了个招待所住下。第二天早上我去看他，得知我是措勤县委书记后，他表示马上要去看望当地的武警官兵，这是他在赴任阿里途中的第一站做的第一件事情。他到了武警中队，跟那里的官兵们一起吃了饭，详细地询问了战士们有什么困难，吃完饭又和大家一起唱歌。我不会唱歌，就给他们献了哈达。当时的氛围其乐融融，孔书记对待战士们就像家人一样。

对待群众全心全意

孔书记始终与群众站在一起，哪里的群众有困难，他就出现在哪里。他每次下乡的时候都会带着药箱，工作结束之后再给群众看病拿药，还细心地提醒县、乡的领导，不要忘了去看望困难的、生病的群众。

有一次，孔书记来措勤，他刚到，我们就遇到了一件事：有个外地游客病倒了，情势危急。我安排措勤县医院的大夫全力救治，用最好的药。孔书记听说后，判断这个游客的病情不能贻误，立刻让我协调车辆，把病人送往拉萨。身为地委书记的他，亲自和其他人一起把病人抬到车上。最终，这个病人在拉萨得到及时救治，生命得以保全。

1994 年春，阿里遭遇了大雪灾，孔繁森去了受灾最严重的改则县，派了工作组到了措勤县，指示他们到了措勤找班登书记了解一下情况，把能解决的困难全部解决了，并再三强调不能出现群众冻死或饿死的情况。

工作组到了之后，我们马上按照他的指示下乡查看，确认没有冻死、饿死的情况。救灾结束后，我们在地区召开了三级干部会。孔书记马上就来看望我们。当时他可能觉得我脸色不太好，就很关心地问我："老人家，身体怎么样啊？"我说："身体还可以。"他说："你以后调到地区政协或者统战部工作吧，那里条件稍微好一点。”我家里条件很困难，书记的关心让我觉得很温暖、很亲切。

当天晚上我去了孔书记家里，向他汇报了一些措勤的情况。他问得最多的就是群众生活怎么样，缺不缺粮食，等等，言语间流露着对群众的关心。

孔繁森是真正贯彻党的群众路线的好领导，他了解情况的方式不是看材料听汇报，而是亲自到群众中去。说起阿里，本地人都叫苦不迭，但书记从来不叫苦，他眼里看到的、心里装着的都是最困难的群众。

孔繁森（左四）深入群众调查研究

有一次他到我家来的时候，带着两个孩子，我才知道他收养了两个藏族孤儿。在自己的生活已经很拮据的情况下收养孤儿，这样的义举很少人能做到。而孔书记不仅在生活上把他们照顾得很好，还让他们接受了好的教育。孔书记就是一个做了一辈子好

事的人，他从自己做起，带头为人民服务，把群众的事当成自己的事，他一直是这样做的。

对待下属以身作则

孔书记工作非常忙，我们在一起的机会并不多，但是他非常关心我。他觉得我年龄大了，身体又不太好，于是经常提醒我要保重自己的身体。

他在阿里任职期间，只要出差路过措勤，就会到我家里来看看。我给他简单地做几个菜，我们一起喝几口酒。他会很详细地向我了解措勤的情况。有了问题或困难，他会和我一起分析、想办法。当时措勤的领导干部思想不解放，作风保守，书记就帮我想办法，他说："阿里地区海拔高，措勤又是阿里地区海拔最高的一个县，条件这么困难，工作这么辛苦，你们要把相关的情况好好向上级汇报，多申请一些资金。如果工作组来调研，一定要做好工作汇报，让他们真正地了解措勤的情况。"

听说书记在新疆出了车祸，我一天什么事情也没做，一直在屋里掉泪。失去孔繁森这样的好书记对阿里来说是巨大的损失。以前无论到哪里，他只要碰到有困难的群众，身上有多少钱就给人家多少钱，如果自己没钱，就跟身边的人借。去世的时候他身上只有八块六毛钱。

孔书记深知形式主义、官僚主义是我们党的大敌，他严格按照党章的规定做事，按照党员的标准要求自己，无论遇到多大的困难都没有放弃过自己的原则，始终做到知行合一、言行一致。

他率先垂范，在任的时候，带出来的队伍风清气正。孔书记去世以后，接任阿里地委书记的达瓦次仁就是孔书记培养出来的。

我自己也深受孔书记的影响。我有两个儿子，大儿子中专毕业之后没有工作，当时组织给了县里一个就业名额，有人建议我给自己的孩子安排一下，我拒绝了。县里需要解决工作的人有很多，名额只有一个，如果我给自己的孩子安排了，这是带了什么样的头啊？我当不了这样的县委书记。我为什么能守住底线和原则？因为孔书记就是这样教育我的，他也是这样示范的。我退休以后资助了一些特困家庭的学生，也是受孔书记的影响。他的照片一直珍藏在我家里，永远不会丢。他不但是我的榜样，也给我带来温暖。孔书记特别好，我永远怀念他。

一腔热血洒高原　长留高格驻人间

口述人：柴腾虎，曾任阿里地委宣传部副部长

采访组：刘建国　洪亚彬　钟晓冰

采访日期：2017 年 11 月 29 日

采访地点：孔繁森同志纪念馆

清正廉洁严律己　忠诚履职敢担当

我和孔书记相识相知，是从 1993 年 4 月他赴任阿里，直至 1994 年 11 月他殉职这期间。不到两年的时间，却让我一生怀念。

1993 年 3 月，孔书记在赴阿里上任的途中就开始了他的调研。我当时还在改则县工作，一听说新任地委书记来了，我们很高兴地到招待所看他。他当场听取了县委书记、县长的汇报，听完已经快凌晨 1 点了。我走出房间，与孔书记同行的拉萨市政府副秘书长张秋生跟我打招呼，说孔书记想和我单独谈谈。于是，我又回去找他。当时的阿里还是冰天雪地，他那天已经赶了十多

个小时的路，我去的时候，正巧遇到他刚洗完凉水澡，便提醒他容易感冒，他却回答："没事，已经习惯了。"这就是我和孔书记的第一次见面，他务实勤勉的工作作风、想干事的激情和坚强的意志给我留下了深刻的印象。

后来我也调到了阿里地委工作，跟他的相处机会更多了。我们一起工作、一起下乡、一起吃饭，我对他的了解越来越深。孔书记从较发达的东部地区来援藏，面对西藏落后的现状，他从来没有居高临下的优越感，而是千方百计促进民族团结，努力帮助藏族干部提高文化素质。他和藏族干部、藏族群众处得关系特别好，在大家中间的威信也特别高，可以说是建立了水乳交融的关系。

孔书记把民族团结当作很重要的工作来抓。他经常和一些宗教人士、爱国人士交流，记得有一次他去普兰县政协副主席家里拜访，返回宾馆时已经晚上11点了。一天下来，他疲惫不堪，在宾馆不慎跌倒了，膝盖立马渗出了血，看着就让人心疼。当时边疆形势很复杂，深更半夜很不安全，出行也是提心吊胆的。但他从来不顾自己的安危，该去拜访的就一定要去。阿里有一位德高望重的活佛名叫丹增旺扎，他医术高超、学养深厚，一般深居简出，不常和人交往。但他和孔书记的关系却特别好，这和孔书记的个人魅力和对人诚心诚意是分不开的。

孔书记非常关心阿里的教育事业。我跟他去过很多学校调研，他对师生非常关心，为了帮他们解决师资问题、生活物资问题付出很多努力。孔书记去世后，12 月5 日在狮泉河举行悼念活动，噶尔县小学的老师带着学生们从遗像前面三鞠躬，又绕遗像一周。老师在前面哭，学生跟在后面哭，都哭成了一团，拉也拉不起来，场面一度陷入混乱。正因为孔书记经常深入一线，跟老师和孩子们零距离沟通交流、帮他们解决实际困难，他们才对孔书记有如此深厚的感情。

孔书记特别重视阿里地区的旅游资源开发。日土县有个班公湖，旅游资源很丰富，每到夏天，铺天盖地的鸟聚集在鸟岛上，到处都是鸟蛋，人几乎下不去脚。有一次我们去岛上，有人想捡一些鸟蛋回去，被孔书记制止了。他还向日土县的县委书记了解岛上的环境有没有被破坏，并要求当地做好资源保护工作。

他特别强调要给当地提供相对宽松的经济发展环境。阿里地处边贸线的区域，与印度、尼泊尔会有一些民间交易。当地老百姓流传一种说法，“一只羊八只狼”，意思是，一个小商贩，有八个单位监管，这对当地经济发展不利。孔书记知道后，多次叮嘱当地监管部门，要执法，更要注重服务，不要因为一件事情，这罚一下，那罚一下，让做生意的人都不敢来了。

孔书记严于律已，中央提倡的艰苦朴素的作风在他身上体现得淋漓尽致。在阿里地委，同批次采购的车都已换新，他作为一把手却一直用着旧车。按规定，孔书记的车早就应该更换了，他却迟迟不肯换，连司机小杜都说他：“你这车给你放到路上咋办?”意思就是，你这要是在路上开着开着坏了，把你搁路边了可咋整？

孔书记对自己如此“吝啬”，对百姓、对群众却是无私的。阿里发生雪灾后，我和安七一随孔书记去北京争取救灾款。为了赶时间，我们就在路边兰州拉面馆吃面。吃完面，看到公交车驶过来，我们便坐公交前往国家计委。孔书记上车后一直抓着吊环，我打趣他：“孔书记，你可能是全国唯一一个坐公交车的地委书记。”在孔书记眼中这是很自然的事情，他一直认为自己就是一个普通人，从来没有因为自己是地委书记，就追求高级待遇和特殊享受。在他的努力下，中央为阿里拨付了580万元的救灾款，2000万元的项目资金，还有大批过冬的物资，孔书记在宿舍接到电话后激动得热泪盈眶。

安民之道察疾苦　一枝一叶总关情

孔书记对藏族老百姓更是没得说，特别是孤寡老人、残疾人、病人等弱势群体，他事事关心，处处援助。他之所以能赢得当地干部群众的信任和认可，都是通过一点一滴的小事慢慢积累下来的。

1994年10月，孔杰来阿里，孔书记没时间陪儿子，就带着他跟我们一起下乡。返程的路上，他示意司机停车，说想去探望一下附近的丹增卓玛老人。我从车上往下搬东西，有饼干、面包、风干肉，孔书记心特别细，看了看东西，对我说：“风干肉就别拿了，老太太啃不动。”当时，地区电视台的记者扛着摄像机也跟着我们一块下车，孔书记又示意他不要跟拍。就这样，我和孔杰、孔书记一起来到老人的家里。结果老人没在家，我们就把东西留下了。

放下东西，我们回到路边，他又径直来到一个小房子旁边，扒着窗户往里看。我一问才知道，他原本想看望的另一位孤寡老人，前几天已经去世了。说着说着，孔书记眼圈就红了，自责之情难以言表。

孔书记去世后，中央电视台来了几个记者采访丹增卓玛老人。得知孔书记不在的消息，老人哭了，边哭边说：“管我的人没有了。”在她心里，早已经把孔书记当作自己的亲人。临走时，两位女记者程小红和张文华把自己穿的毛衣脱下来，又掏出身上的钱，一起给了丹增老人。

还有一次，地直县级干部接到了阿里地委的通知，开会传达自治区纪检工作会议精神。这天上午，与会人员都到齐了，唯独不见孔书记。我们一问才知道，革吉县发生了流行病，孔书记直接带着卫生局局长、医院院长去一线了。下午，他带回来两个孩子，其中一个孩子流了很多鼻血，看上去已经不省人事。他一边用自己的手绢给孩子擦拭鼻血，一边抱起孩子直接上车。司机小杜一看孩子情况十分危急，怕不吉利，有点犹豫。孔书记很严肃地说道：“怎么还不走，快去地区医院!”最终，两个孩子抢救过来了。孔书记嘱咐食堂多包一点饺子，我跟着他一起提着饭盒去医院看望孩子。两个孩子见到我们很高兴，身体恢复得也很好，幸亏孔书记采取措施得当，抢救得及时，不然两个孩子可能就没命了。

还有一次，我和孔书记去日土县，刚到他就把小药箱拿出来发药，我心想至少也得给自己留点感冒药什么的吧，结果发着发着药箱就空了。地委机关好多人都给孔书记织过毛衣，经常见他没穿几天就不见了。一问，原来是孔书记送给生活贫困的群众了。在他心里，老百姓吃不饱、穿不暖，是他的失职。

有一次，孔书记生病了，我第一次去看他，他还住在高干病房，第二次去就发现他转去了普通病房，一间屋八个床位。我问他："怎么搬这里来了?"他随口回答："这边热闹。"后来听他的司机说，其实是他不舍得花钱，这边病房便宜。孔书记经常接济老百姓，自己兜里留不住钱。他去世后身上只剩下八块六毛钱，家里也没有什么值钱的东西。有时候他还需要朋友和家人接济，我就见过一张汇款单，是孔书记的大哥给他寄过来的六百块钱。

只因爱乡故离乡　人生何处不青山

"藏族的老人就是我的老人，藏族的孩子就是我的孩子。"这是孔书记常挂在嘴边的一句话。在我看来，孔书记身处异乡，没办法常伴家人左右，他就把对亲人的感情投注到藏族老百姓的身上。

孔书记在拉萨担任副市长期间收养了三个孤儿，其中最大的那个丫头曲尼，后来被拉萨市市长收养了。小男孩曲印和小女孩贡桑由孔书记亲自抚养、悉心照顾，调到阿里之后他本想把孩子留在拉萨，但放心不下，就把孩子们带到了阿里。

从拉萨去阿里的前夜，两个孩子非常兴奋地在屋里撒欢。贡桑一不小心摔在地板上了，哭得很厉害。孔书记特别心疼，抱着孩子在房间里走来走去，好声好气地哄劝，真像对自己亲生的孩子一样。当时我就感觉到，孔书记与两个孩子已经建立了深厚的感情。

到了阿里，作为地委书记，他工作任务非常繁重，还要照顾两个孩子，困难程度可想而知。一次我去孔书记家，看到他愁眉不展，问他怎么回事，他告诉我，狮泉河小学的校长想收养曲印。我听了很高兴，当即说道："这俩孩子还小，吃呀喝呀，处处需要照顾，你忙不过来，也弄不了，让别人收养一个不好吗？"可他舍不得把俩孩子分开。后来，我又建议让地区民政部门管这两个孩子，或者发动机关干部捐款什么的。他说："那怎么行，咱收养的，不能给组织添负担。"

因为这两个孩子，孔书记劳心又劳神。有一段时间，他把两个孩子送回拉萨，托以前的警卫员崔建勇暂时照料。孩子年纪小、调皮捣蛋，有时小崔跟孔书记打电话，难免会发发牢骚，说他们不好好学习，也不太听话。孔书记对孩子的学习抓得特别紧，他得知这一情况后，就示意小崔把孩子送回老家墨竹工卡县羊日岗乡（今墨竹工卡县羊日岗村）待几天，体验一下生活、忆苦思甜，孩子们也确实因此受到了教育。

孔书记去世后，我们去西藏军区总医院找到一位同为山东籍的护士了解他住院时的相关情况，刚提起孔书记她就哭了。她说，有件事孔书记叮嘱她不要给别人说。听了她的讲述，我们才知道孔书记献血的事情。那时候援藏干部经济都不太宽裕，更何况孔书记见了困难群众就给这给那，养育两个孤儿日常开支也很大，经济很紧张。他好几次化名洛珠去医院献血给两个孩子换取营养费。听到护士讲述的这件事，我们心里都特别震惊，心情也特别沉重。

孔书记并不是只顾工作，而对家人不闻不问。可以说，他每天都惦记着家乡的亲人。但他既然选择了在雪域高原奋斗，便选择了牺牲，选择了奉献，只能把对家人深深的思念和无尽的牵挂深埋在心底。

1994 年雪灾发生后，孔书记让那些比他年轻的副书记、专员驻守原地开展工作，自己第一时间去了抗灾救灾一线——革吉县亚热区曲仓乡（今革吉县亚热乡却藏村）。5800 米的海拔已让人行动困难，何况又遭遇 50 年不遇的雪灾，一般人真不敢想象在那种地方怎么过夜。连日超负荷的工作强度再加上高原反应，让孔书记那一晚身体极度不适，他明显感觉自己快扛不住了。救灾回来后，小梁发现了孔书记的一封信，信上写：“万一我发生了不幸，不要给我家乡讲，更不能让我母亲和家属孩子知道，你要每个月以我的名义给我家写一封报平安的信……”然后又嘱咐了几句话。

小梁抹着泪把这封信交给了桑珠才旺副书记。我记得那天是1994年5月27号，进食堂吃饭的时候，发现有七八个领导已经在那，但情绪都很低落。我悄悄地问我身边阿里地区检察分院的检察长倪惠康怎么回事，才得知，桑珠书记在那天召开的地级干部民主生活会上，提到了孔书记留“遗书”的事。他说，孔书记在这里工作不容易，完全是冒着生命危险在雪灾一线坚持工作。

后来，又听小梁提起，除夕那天，孔书记给各级干部拜年、慰问官兵回来已是深夜，他朝向东方跪在院子里，眼含热泪给远在山东的老母亲磕了一个长头。小梁发现孔书记在地上长跪不起，赶紧过去把他扶起来，发现他的眼泪已在衣襟上结成了冰。那天晚上他写下了一首诗：忆昔去年节，举杯齐度年。今日来边关，独弹心中弦。

孔杰来阿里看望孔书记那次，我们一起下乡。到了饭点，我们就在路边戈壁滩上吃饭，当时我们刚泡好方便面正准备吃，忽然刮来一股风，面汤里漂了一层土。孔杰随口说道：“来之前真没想到是这种条件。”孔书记立马叮嘱孔杰：“回去可不能给你妈这样说。”其实他心里装满了家，对老母亲、对爱人都特别牵挂。

孔书记的大女儿孔静当年国庆节刚刚举行了婚礼，孔书记却没能参加。孔书记在车上问孔杰，孔静在哪设的婚宴，婚事操办如何，新房怎么样，等等，孔杰一一做了回答。孔书记又问：“你姐埋怨我了没有？”孔杰一扭头，不看孔书记：“你快别问了，我姐一辈子都会埋怨你。你见了她，自个解释去吧。”孔书记沉默了，良久无言。

原来，为了能让父亲参加婚礼，孔静的婚期一推再推，从五一推到十一，总算得到了父亲答应国庆节回来参加婚礼的许诺。没想到结婚那天，连爸爸的影子也没见上。孔书记托人捎回来的金项链，她气得不愿意戴，哭着说“要他回来参加婚礼”。

孔书记为什么失约呢？我记得 1994 年 9 月，我和孔书记到拉萨开会。会议结束后，需要迅速返回阿里传达会议精神。这时离孔静婚期只有几天时间了，从拉萨回阿里和回山东方向截然相反，要回阿里，就不可能回山东。作为地委书记，他选择了前者。他吩咐我们在拉萨买了几盒月饼，于中秋节之际看望了沿途几个县的武警战士。

作为父亲，他没有参加女儿的婚礼。作为阿里的地委书记，他却在女儿婚期的前一天，看望了另一对即将新婚的年轻人。他们是阿里改则县查布区一所小学的教职工。这所小学花费 40 万建成，由于位置偏远、高寒缺氧，一度面临师资匮乏的问题。恰好有个改则县的姑娘刚从师范毕业就分配到了这所小学，她的男朋友也被分配到了同一单位。孔书记很欣赏这两个年轻人献身教育事业的精神，9 月 30 日那天，专门去改则县看望他们，还买了红纱巾、脸盆、香皂等物品作为新婚礼物，两个年轻人高兴极了。

我们回到狮泉河是 10 月 1 日。下午，孔书记心情特别低落，我便去找他聊天。他郁郁寡欢地说：“咱们在这干，欠家人太多了，今天孔静结婚，之前说了几次能回去，孩子为了等我，一再推迟婚期，唉，结果……”

孔静因此耿耿于怀了很多年。1998 年，庆芝嫂子对我说：“小静直到现在还对她爸不参加她的婚礼想不通。”有一次，我对孔静讲：“不要说你爸爸，任何一个地委书记都不会放着上面的会议精神十天半月不传达，而去给女儿办婚事。阿里交通太不方便了，要是在内地，说啥他也会回家的。其实你爸爸对你的爱你应该最清楚，他为了你的学习和工作倾注了多少心血！他对你们的爱是一种大爱，是超出一般境界的。”孔静那时还不太理解，因为她从出生得到的父爱就太少了。直到她自己走上工作岗位，也成为一名领导干部，才理解了父亲的不易。

根生大漠似红柳　敢笑翠柏与青松

在阿里，孔书记写过一首《咏红柳》。“无垠戈壁绿一丛，历尽沧桑骨殷红。只因根生大漠下，敢笑翠柏与青松。”他就像在高原顽强生长的红柳，深深地植根沙地，守护着这片土地。

孔书记工作最大的特点就是非常注重下乡调研，只要没有紧急工作，他就隔两三天去一次。一般情况下，领导干部下乡调研的模式，无非是先在会议室听汇报，再选几个点下去看看。但是孔书记不一样，他下乡基本就是有啥事说啥事，有啥困难解决啥困难，不搞官僚主义、形式主义，直接深入一线走访。在阿里不到两年的时间里，他跑了八万多公里的路。

1994年，孔繁森（左）在去普兰县考察途中与柴腾虎合影

他对干部下乡调研看得很重，阿里有一个司法部门的领导刚从党校毕业不久，在一次接受地委安排下乡任务时发牢骚："派车可以，要人，抽不出时间。"孔书记在大会上针对这件事对他进行了严厉批评，特别严肃地说："老百姓稀罕你的车？老百姓需要的是你给他解决问题！他们是想给你说说心里话，想让你知道他们是怎么生活的！"说这些话时，孔书记声调都变了。他以身作则，下乡调研坚持去贫困户、学校、边防连走访，给群众送衣送物、嘘寒问暖、把脉诊病、解决困难，真正做到了和群众心贴心、同呼吸、共命运。

孔书记工作的另一大特点是有很深的部队情结。他在济南军区当过兵，当时适逢部队开展学雷锋活动，他深受部队的教育和熏陶，对部队官兵特别关心。在西藏，部队建设很关键、边防任务很重、生活条件极其艰苦，孔书记只要下乡就肯定去部队慰问，部队的大事小情他都放在心上。

有一次我们来到一个边防连，他问："车上的烟还有没有？给年轻人留一些。"当时车上只剩一条半烟，孔书记全都送给了边防战士。他说，跟年轻人讲一些高高在上的大道理，不如给他们一些生活上的慰藉，毕竟边防的生活太艰苦了。

在边防连，孔书记听说有一位江苏籍的边防战士，未婚妻由于工作安排不理想要闹分手，他立刻给时任江苏省省长的陈桓友写了一封信请求予以帮助解决，好让战士在此安心当兵。后来，问题得到了妥善的解决。

孔书记多才多艺，爱好广泛、志趣高雅，这让他善于苦中作乐，这种精神也感染着周围的人。他非常喜欢摄影，这从他留下的两箱子照片就可以看出。1994 年 11 月，我们一起下乡，经过圣湖玛旁雍错，那里风景怡人，有好几只天鹅在湖边，形态优雅。孔书记拿起相机就拍，后来天鹅飞走了，他就一直追着拍，追了好远好远，那天我们拍了好多照片。

他唱歌跳舞也非常好。有年国庆节，在地区建行，援藏干部聚餐，孔书记提议每人必须唱一首歌。大家围在一起唱歌跳舞，度过了一个非常愉快的节日。孔书记对待工作认真负责，和同事们相处又有说有笑，还时不时地幽默一下，没有那种高高在上的官架子。和他相处的人没有一个对他有意见，我常发自肺腑地对他说：“你这人太好了。”

从来没想到，这么好的人会走得这么早，我们都特别悲痛和震惊。孔书记殉职后，我们地委组建了治丧委员会，我担任治丧委员会的办公室副主任，负责撰写和悬挂挽联、会场布置。当时我是主持工作的宣传部副部长，我就安排政协、部队还有地委机关分头撰写发表纪念文章。内心强烈的悲痛驱使我写下一副挽联：“一尘不染，两袖清风，视名利安危淡似狮泉河水；二离桑梓，独恋雪域，置民族事业重如冈底斯山。”这副挽联得到了治丧委员会的认可，开追悼会的时候，我们用黑字写出来，悬挂在灵堂两侧。随后，我作为孔繁森事迹报告团的成员，先后在山东等地做报告30余场，并通过出书、撰稿等方式，坚持宣传弘扬孔繁森精神。

20多年来，宣传弘扬孔繁森精神已成为我内心不息的追求。从阿里狮泉河烈士陵园，到孔繁森同志纪念馆、孔繁森纪念园，每年的纪念活动我从未缺席。时代变迁，我们对他的思念却一直没有改变。直到今天，我们这些和他相处过的同事、朋友，一提到他心里还是很难受，甚至会痛哭流涕。

历史上的英雄模范人物很多，但我觉得孔书记作为领导干部的楷模、民族团结的典范、人民公仆的杰出代表，他的精神历久弥新，在今天更值得我们赓续传承。

孔繁森精神　我一生的财富

口述人：靳树绩，曾任阿里军分区副司令员兼后勤部部长

采访组：刘建国　李菲　郜雪梅

采访日期：2016 年 3 月 14 日

采访地点：石家庄白楼宾馆

一生难忘不解缘

我和孔书记的不解之缘，概括起来有三个“一”。第一，我是阿里军分区第一个认识孔书记的人。1993 年 4 月，孔书记到达狮泉河镇，我在安秘书长的引荐下见到了他。简短交谈过后，感觉他为人低调、平易近人、诚恳善良，说话和蔼可亲，给我的第一印象非常好。第二，我是阿里军分区最后一个给他送行的人。孔书记 1994 年 11 月 14 号去新疆考察当天，我起得很早，专门去给他送行，万万没想到这竟然成为我和他见的最后一面。第三，1994 年 11 月 29 号，孔书记不幸遇难后，我是阿里地区第一个发

唁电的人。最初，他去世的消息我是通过军分区作战值班室知道的。那时候没有电话，交通也不方便，通信基本上全靠电报。当时阿里驻乌鲁木齐有个办事处，我便给那里发唁电，托他们临时代办处理孔书记的后事。

我们两个人感情非常深厚，孔书记去世对我的打击特别大。每当想到我是阿里军分区第一个认识他、最后一个送他的人，他去世后我第一个发的唁电，就觉得这是我和孔书记之间不一样的缘分。

官兵疾苦记心间

孔书记作为阿里军分区党委第一书记，非常重视军民、军政和民族团结工作。在我的记忆中，以前军分区的党委第一书记基本不到军分区去，孔书记去了以后，阿里军队的军政、军民关系才达到一个高潮。

他对部队建设非常关心，对基层官兵特别关爱，在地方检查工作的同时他一定要去武装部看看，而且想尽一切办法到边防连看看。一年多的时间，他跑遍了军分区的八个边防营一线连队，包括卫生所都跑到了，这是截至目前阿里历史上唯一做到这些的地委书记。

孔书记去之前，阿里不通电话，而且新疆和阿里不通邮。一般情况下，孔书记同外界联系的唯一渠道是通过军用专线，再经

孔繁森（中）、靳树绩（右）和阿里地委原书记贡觉次仁（左）的合影

过新疆军区转接。对部队而言，通信是非常重要的，所以他到任后，便着手联系通电话的相关事宜，当年就解决了这个问题，给我们带来了便利。

当时，发往阿里边防部队和地方的信件全都要经过拉萨再到阿里。阿里军分区有个收发室，各个边防一线连的信件都在收发室保管。而且阿里军分区还有个不成文的规定，所有下边防检查的工作人员都必须做两件事，一是给边防官兵带信；二是给他们带需要的物资。

孔书记非常有心。有一次，根据指示，我们需要下边防排雷。出发前，孔书记反复叮嘱我，一定把边防干部战士的信件给他们带过去。虽说下边防连给官兵带信和物资已经形成了一个传统，但孔书记仍然不放心，他对边防连战士非常牵挂，所以再三叮嘱，唯恐我们忘记。我们回来告诉他把信件全都送到了，他听了非常高兴。

1994 年春节，步兵营举办了一场春节联欢晚会，我和军分区的刘司令员邀请孔书记去参加。我记得那天孔书记唱了一首《少年壮志不言愁》，唱得很好，赢得了大家的阵阵掌声。在晚会上他完全没有领导的架子，和大家打成一片、有说有笑，现场氛围其乐融融。

1994 年中秋节，孔书记是和部队官兵一起过的。他给大家唱了一首《说句心里话》，唱着唱着就哭了。其实，之前他去北京出差汇报阿里的相关工作，回程时顺便回了一趟山东老家，看望他 93 岁的老母亲。当时已经临近中秋节，他完全可以在家陪老母亲过完节再返回阿里，但是他心里牵挂着战士们，最终还是舍小家顾大家。他对我讲了在家的情景："那天，我给老母亲边梳头边说，娘，我陪不了你过八月十五了，阿里那边还有很多战士，他们常年回不了家，我得回去陪他们过节去。"就这样，孔书记在中秋节当天赶到部队，和战士们一起过的节，大家非常感动。

孔书记对军分区老兵也很关心和重视。那时老兵退伍时间都是 12 月，1993 年老兵退伍的时候，他带领地委行署领导们到军分区给老兵送行，到了军分区以后亲自给老兵献哈达、敬青稞酒，和他们一一握手告别，鼓励他们在新的岗位上再立新功，老兵们都很受感动。1994 年 11 月，他去新疆考察，正好离当年老兵退伍还有 1 个多月。他把我们几个叫到一起，反复强调一定要安全做好老兵的退伍工作，欢送好老兵。后来，阿里地委行署的领导们形成了一个不成文的规矩，每年都到军分区欢送老兵，这就是从孔书记那时候开始并延续下来的。

孔繁森（左二）在阿里军分区参加欢送退伍老兵暨退伍老战友向军旗告别仪式

说老实话，在孔书记来之前，我们和地方打交道相对比较少，除了大事上互通有无，平常没有这么多来往。而孔书记一直秉持着“大事小事勤商量，有事无事常来往”的原则，对军分区作风建设非常重视。1994 年 5 月，军分区召开党委扩大会，他在会上强调，一定要加强军分区党委班子的团结，维护好班子的团结，不要个人说了算，不要拉山头搞党派，不要拉帮结派。他还说要配合做好工作，要互相补台，不要互相拆台，要团结不要内耗。只有搞好军分区领导班子的团结，军分区的各项工作才能搞好，部队才能出战斗力。

孔书记还特别注重部队的两用人才[①]建设，特别鼓励多培养一些司机，多培养一些邮递员，多培养一些电报员，多培养一些医生，多培养一些团职干部。

我举两个孔书记关爱人才的例子吧，都是和司机相关。当时他的住处和我们一墙之隔，我一般都走着去。但有时候执行任务，或者办别的事回来，也会开车去。这时候，司机就在车上等着。孔书记知道后就会责怪我们，并亲自到外面把司机叫进来，给司机让座倒茶。后来，再到孔书记家去的时候，我们和司机干脆就一块进去，也免得他再出来“请”一趟。

还有一次，孔书记碰到两个为阿里军分区运输物资的汽车司机，是我们汽车某团的，因饭店晚上打烊了而无处吃饭，硬拉着他们两个人到自己家里，亲自给他们做了香喷喷、热腾腾的面条。吃饭的时候我正好去了，看到这两个人挺面生，也不知道他们是司机，随口说道：“孔书记，两个战士在你这里吃饭呀?”两个小伙子一听，才知道请他们吃饭的是地委孔书记，很是感动。我觉得或许是因为他也当过兵，所以他对部队的感情非常深厚。

---

① 编者注：两用人才，“军地两用人才”的简称。指解放军和武警战士经过军事、政治、文化和民用技能等方面的培训，成为具有保卫祖国和生产建设两套本领，军队和地方都能用得上的人员。

鱼水情深紧相连

咱们所说的军民鱼水情，就是形容部队和群众密切相连。在促进军民关系方面，孔书记率先垂范，以身作则。

什布奇边防连是离军分区驻地狮泉河最远的边防连，距离约有642公里。1993年，孔书记到阿里上任不久，专门来到什布奇边防连检查工作，发现这里爱民病房办得很好，而且当地的军民关系非常融洽。爱民病房，其实是在边防连里腾出来两间房子，配备病床和铺盖，方便藏族老乡看病的时候住在连队。孔书记非常感动，随即从身上掏出一些钱捐给了这座爱民病房。那个地方比较落后，看到很多人吃不饱、穿不暖，孔书记当时就把自己身上的毛衣毛裤脱下来送给藏族老乡，自己是穿着单衣裹着皮大衣返回地区的。

还有一次，他去一个口岸视察工作，听到当地边防连办马背小学的事，特别高兴，也非常重视。马背小学，顾名思义就是马背上的小学。由于牧区的藏族同胞都是长年游牧，没有定居的生活点，所以，走到哪吃到哪、住到哪、生活到哪，孩子们也就跟着骑马读书。他认为这种教育方式为当地的牧民子女上学创造了条件，是儿童接受教育的一种特殊形式，给予了充分的肯定，并积极推广。

孔书记对部队给予了莫大的关心和爱护，我们也非常支持他的工作。1994 年初，阿里遭遇了 50 年不遇的暴风雪，孔书记主动要求去海拔高、雪灾严重，贫困落后的改则县抗雪救灾。临走前，我给他准备了部队的“四皮”（皮大衣、皮帽子、皮手套、毛皮鞋）和氧气袋。在海拔 4700 米的受灾安置点，他整整工作了 16 个昼夜才回来。回来后，我去他家看望他，发现给他带的物资都不见了，一问才得知，他全都送给当地的困难老百姓了。我问他：“你这个大书记呀，就不怕把自己冻着呀?”孔书记说：“我没这些东西还好说，你看看那些受灾的老百姓，看着就叫人心疼。”他做过的捐款捐物的好事，真是数也数不清。

孔书记去阿里的时候，他经常携带的小药箱已经很破旧了。当时我负责后勤，便交代军分区卫生科的杨主任给孔书记换了一个小药箱，还嘱咐卫生科的工作人员时常看看书记的药箱，没有药了或者少了赶快给他配上。孔书记的药箱里面装的大部分都是常用的药，一部分是军分区给领导们配的保健药，比如地奥心血康和速效救心丸，这两种药在阿里特别珍贵；一部分是孔书记自己买的，如果下乡没药了，但是老百姓又很需要，他会自费买一些救急，我们要是给他配，他还不愿意。他把自己在济南军区总医院当兵时学到的医药卫生知识，全都用到了藏族老乡身上，为他们排忧解难，救危济困。我对他这个小药箱太有印象了。

可以肯定地说，孔书记在阿里的两年，是阿里军政、军民关系最好的两年，也是民族团结最紧密的两年，他因此被评为“全国民族团结进步模范”。

同甘共苦似手足

阿里的自然环境特别艰苦。阿里地区总面积 34.5 万平方公里，总人口约 6 万人，边境线 1116 公里，平均海拔高度在 4500 米以上，是青藏高原之最，因而人们称它为“世界屋脊的屋脊”“青藏高原的高原”“地球第三极”。阿里这个地方高寒缺氧，气候特别恶劣，交通、通信不便，经济发展特别落后。每年冬季最低气温在零下 40 度左右，夏季最高气温在 21 度左右，年平均气温零度，昼夜温差特别大。一年四季都可能降雪，全年六级以上大风的天数有 200 多天，而且紫外线特别强。吃的东西得靠汽油炉子、高压锅加工。平时炒菜在锅里基本能炒熟，馒头面条拿普通的锅是做不熟的，必须用高压锅。

孔书记在阿里的时候，地委条件也很艰苦，没有食堂。那时候我家属也在阿里，我们就经常请孔书记到家里坐一坐。他比较喜欢吃饺子，我们包饺子的时候就会喊他来。有时，他来早了，就把手一洗跟我们一起擀皮、和馅，边包饺子边跟我们拉家常，在一块有说有笑，大家关系非常融洽。

阿里这个地方因为氧气含量少，平常跑动都很吃力，所以，像打篮球这样的体育活动很少，比较盛大的活动也就是每年春节时地方慰问部队的那场文艺晚会了。除此之外，我们有时会打打台球，因为打台球不是很费力气，还能达到锻炼身体的目的。即便这样，台球案子也是经过我们特殊设计的，目的就是减少捡球的次数，控制活动幅度。

有一次接到军分区的任务，要我带队下去排雷，去的地方是边防连到边境线上的一条路。因为要建中印会务站，需要拓宽一半的路面。这个地方的地雷是在1962年中印边境自卫反击战中埋下的。我去排雷的时候，车辆调配特别困难，当时军分区只配备了一辆车，但这辆车要承担值班任务，不能开走。我就坐东风大卡车下去。孔书记知道以后，执意让我坐他的车去，我知道孔书记身为地委书记工作特别忙，很多时候都需要用车，就婉拒了。

我走了之后孔书记一直牵挂着我，因为排雷这项工作是有一定危险性的。我回来的当天晚上，孔书记到军分区来了，事后我才知道他是专程来看我的。他看到我正在打台球，神采奕奕的样子，非常高兴，表示要和我们一起打球。当时，我们开玩笑，说谁输了谁钻台球桌，孔书记说行。我们打球就是正常打，不会因为孔书记是领导就让着他或怎样。因为他平常不怎么玩，所以打球的技术不算好，最后输了。孔书记毫不犹豫就要兑现诺言，硬是被我们拉住了。在场的七八个人都很受感染，觉得孔书记作为地委书记，和我们大家一样，也是普普通通的人，一点架子都没有。

孔书记收养孤儿的事很多人都知道，但有些细节可能不清楚。起初他是收养了三个孤儿，曲尼、曲印和贡桑。后来，拉萨市市长洛桑顿珠看他抚养三个孩子太辛苦，就主动收养了最大的曲尼。后来孔书记把曲印和贡桑带到了阿里，我去他家经常见到这两个孩子，每次去了之后他们都喊我“爷爷”，我也经常逗他俩玩。这两个孩子年纪小，有时候不讲卫生、爱调皮，孔书记始终都报以极大的耐心，不管是辅导他们学习，还是做饭洗衣服，真是又当爹又当娘。说老实话，能这么有耐心的人很少，这事要让我或者别人，可能根本就做不到。在阿里，冬天取暖效果最好的莫过于生铁铸的炉子了，但他自己舍不得用，火炉子就放在两个孩子的房间里，真是特别疼爱他们。

孔书记去世以后，1996 年，孔繁森事迹报告团来到石家庄，庆芝嫂子也来了。我听说以后专程去看望嫂子。一见面，我们就哭了，嫂子说，虽然没见过我这个人，但总听孔书记提起我。我给嫂子介绍了孔书记在阿里的情况，嫂子告诉我，孔书记去世之后她一直瞒着九十多岁的老母亲，没敢告诉老人家。嫂子给我说：“我不知道该怎样给老人家说。”我看得出来，她极力克制着自己的悲痛，也明白她瞒着老人独自扛下一切的良苦用心。这次见面很难忘，虽然我们以前从未见过，但是那种感觉就像见到久别的亲人一样。

孔书记去世，阿里地区失去了一位好书记，阿里军分区失去了一位好党委书记，我失去了一位好兄长，非常痛心和遗憾。结识了孔书记是我一生的财富。我为有他这样的好书记、好兄长，感到非常骄傲和自豪。

孔繁森与丹增旺扎共促民族团结二三事之一

——心系教育事业　创办藏医学校

口述人：嘎玛坚参，拉萨市文物局干部

采访组：刘建国　洪亚彬　周会　赵亮亮

采访日期：2016 年 8 月

采访地点：拉萨市河北大厦

师父全名麦喀隆·丹增旺扎[①]，阿里百姓亲切地称他为“麦喀隆”，麦就是“长者、老人”的意思，“喀隆”就是比丘，是佛家对年满 20 岁，受过具足戒的男性出家人的通称。“麦喀隆”就是“比丘长者”的意思。孔书记和阿里人一样，也称他为“麦喀隆”。师父当时任阿里地区政协副主席、阿里地区藏医院院长，作为爱国人士、统战人士为民族团结事业做了很多贡献，在当地

---

① 编者注：丹增旺扎(1921—2006)，藏族，苯教活佛，曾任全国政协委员，西藏自治区佛教协会常务理事，阿里地区政协副主席，阿里地区佛教协会主席。

有很高的名望。

我是师父的随身弟子，没有病人的时候听师父讲经、讲医学、讲历史；师父给人看病时，我就在旁边学习他怎么给人诊疗、怎么开药方。

师父每年冬天到第二年春天，会到古入江寺上面的山洞里修行，一天分六段时间，每段四个小时，比如睡觉四个小时，念经四个小时，打坐四个小时……其中只有四个小时用来吃饭、讲经、见徒弟、看病。孔书记第一次来拜访我师父的时候，很不巧他到寺庙去修行了，但孔书记和师父建交的心意很坚定，承诺下次再来。我师父回来之后，孔书记又专程来拜访，他们一起商讨建设藏医学校的事。

我师父说，阿里地广人稀，缺医少药的现象非常严重，医药人才也很匮乏。阿里地区藏医院成立于1984年，每年都举办为期三个月的藏医人才培训班，每年能培训三四十个学生。老师有阿里本地的藏医大夫，也有拉萨藏医学校的老师。为了更好地传承藏医藏药文化，师父想在这个基础上建一所藏医学校，以满足当地百姓的就医需求。孔书记对师父的想法非常支持，他说回去一定想办法解决。

大概是1993年的七八月份，有一天我到藏医院，发现师父没在。快下班的时候，师父回来了，他非常高兴地说："今天有个大好事。孔书记召开办公会，直接解决了30万元资金，可以建藏医学校了。"原来，有投资人来阿里，对师父承诺，只要建好藏

孔繁森与丹增旺扎活佛在一起

医学校，他们将承担学生的一切后续费用。师父给孔书记说了这个好消息，孔书记雷厉风行，立即批建了藏医学校，这也是基于对师父的充分信任和尊重。师父深受感动，有一段时间，无论来了官员也好、病人也好、朋友也好，师父总是一见人就说，孔书记怎么怎么好。

大概是 1994 年秋天的时候，藏医学校建好了，全名西藏阿里冈底斯藏医教学院，坐落于冈仁波齐脚下的普兰县塔尔钦乡，各项基础设施建设得很完备，教室、食堂、学生宿舍、教师宿舍、存储蔬菜的地窖一应俱全。当年的 10 月 10 号，正好是阿里地区藏医院成立十周年纪念日。师父就向孔书记汇报，想借十周年庆典的契机，邀请上级单位和兄弟单位的同志们庆贺一下。那天，地委、行署、卫生局、人民医院、防疫站的相关领导都来了，气氛很隆重。孔书记全程出席典礼，师父是出家人不喝酒，孔书记就以茶代酒，和师父碰杯，说：“我要向你学习，我要向麦喀隆学习。”在众人面前，他一直称赞师父，对师父评价很高。

典礼之后不久，1994 年 11 月，孔书记不幸因公殉职。1995 年 7 月 20 号，西藏阿里冈底斯藏医教学院举行新学期开学典礼，想到孔书记已不能出席，师父深感遗憾。他说：“因为孔书记的恩情，才有这所学校的建立。”师父说，西藏阿里冈底斯藏医教学院的成立可以说是他一生中最大的成就。但是他永远不会忘记这所学校是怎么建成的，不会忘记孔书记的恩情。

孔繁森与丹增旺扎共促民族团结二三事之二

——同筑民族团结　共谋百姓福祉

口述人：次成南木达，丹增旺扎弟子

采访组：程兴普　刘建国　曲印　周会

采访日期：2016年8月25日

采访地点：阿里地区藏医院

我师父和孔书记是非常非常好的朋友，他们身上有很多共同点。藏历新年，孔书记来看望师父。师父不懂汉语，我给他们当翻译，他们在一起讨论很多事情，聊的都是怎样更好地治病救人、为人民服务、为群众谋幸福。

孔书记是党的好干部、人民的好书记，他下乡到牧民家里，见到那些生活困难的人，就经常拿出自己的钱给他们，还给他们送吃的、送喝的。我师父也是这样的人，他经常说，“从群众手里来的钱，要再放到群众手里”。阿里地区藏医院的收入，他都用于寺庙和学校的建设，或是购买藏医药材。

他们两个经常交流建设藏医学校的想法，书记对师父说，有什么需要尽管说，有什么想法尽管提。他们共同的目的，就是传承弘扬老西藏传统，让阿里人民生活好起来、经济富裕起来。他们的友谊，特别能体现藏汉民族团结的精神。

孔繁森与丹增旺扎共促民族团结二三事之三

——为民无私奉献　德行灿若星辰

口述人：楚成平措，丹增旺扎弟子

采访组：刘建国　洪亚彬　周会

采访日期：2016 年 8 月 21 日

采访地点：阿里古入江寺

我家是那曲的，小时候，我在家乡就听说过孔书记的事迹。六岁的时候，我来到了阿里古入江寺，这边的干部群众都说孔书记是好人、好干部。我没见过孔书记，但是经常听师父提起他。师父说，孔书记是一个难得的好人、好官，他见不得别人受苦受难，给阿里老百姓施药、治病，帮助了很多人。我师父和孔书记的共同点就是喜欢帮助别人，所以他们能建立起深厚的友谊。

孔书记收养了两个藏族孤儿，去世的时候身上没有什么钱，家里也没有什么家具。作为一个地委书记，按道理来说，生活应该是没什么困难的，他却过得如此清贫。孔书记非常好，老百姓遇到这样的领导干部是非常幸运的。并不是因为你们来采访我才这样说，我家乡的人们都是这样说的。孔书记为了群众的幸福甘愿牺牲自己、无私奉献。虽然我们信仰不同，但他非常值得我们大家尊重。

我曾经给孔繁森同志纪念馆写过一封信，是真心实意的肺腑之言，大概意思是，太阳和月亮只有一个，天上的星星很多，最灿烂的只有几颗，孔书记就是那几颗之一。干部这么多，能做到像他这样的人不多。孔书记出生在山东，但他远离家乡，来到西藏，为阿里人民无私奉献，直至付出自己的生命，这是很伟大的，他不仅是山东人民的骄傲、西藏人民的骄傲，也是中国和世界的骄傲。

关爱干部　胜似亲人

口述人：刘京府，曾任阿里地区札达县委宣传部部长

采访组：高杉　李菲　刘建国

采访日期：2017 年 9 月 18 日

采访地点：孔繁森同志纪念馆

一见如故　敞开心扉

孔书记离开我们已经二十多年了，到现在我也没有忘记他对我的帮助，有工作方面的也有个人方面的。

我们第一次见面，是孔书记到札达下乡检查工作。从阿里过来，要翻两座大山，途中大概有三四百公里都是砂石路，丰田越野车要开七八个小时，北京吉普车则需要十几个小时。路这么难走，孔书记却坚持下乡。来了之后，他顾不上休息就开展调研、和我们一起座谈。

座谈会在当时的武装部招待所召开，土坯结构的房子。孔书

记一路奔波，风尘仆仆，但一进入工作状态就很有激情。我当时是札达县委的宣传部部长，实际宣传部只有我和一名负责打字的干事两个人，主要工作就是根据县里要求组织大家学习。座谈会上我汇报了县里的宣传工作情况，特别是广播电视这方面，孔书记听了以后非常赞许。

当时全阿里都缺电，电视靠太阳能供电，我们用心保养札达县的所有地面接收站，老百姓因此非常感激。孔书记调研时，沿途看到几座地面接收站，有太阳能供电的，有小汽油机发电的，他感慨在这么偏僻的地方还能看到中央电视台的节目、西藏电视台的节目，真是非常不容易。

晚上我们去招待所看他，那里的条件很简陋，房间里除了一张钢架结构的床，一套被褥，其他什么都没有，放在今天简直难以想象。他斜靠在被子上，我坐到床头边上，就这样拉家常。孔书记平易近人，大家沟通起来很自然，有什么说什么，和他相处没有任何障碍，让人感觉特别亲切。我如实把自己的想法、家庭状况、工作情况向他汇报。当时我感觉他不是我的上级，而是我的亲人，是从家乡来看望我的父老乡亲。

札达县环境艰苦，一年中有半年封山，每天只有两个小时通电。1989 年，我妹妹因火灾离世，母亲本就有些精神方面的障碍，因此事深受打击。我接到妹妹遇难的消息后回老家安慰父母，没想到在我回札达的路上，母亲又去世了。由于交通、通信不畅，我回到县里几个星期以后才收到消息。后来父亲患了癌症，我赶回老家，只在身边侍奉了十几天，他就去世了。

作为儿子，对双亲未能尽孝，我深感愧疚。这些事情始终是深埋我心里的痛，不愿意对别人说。可是和孔书记第一次见面，不知不觉间我就打开了心扉，一五一十地对他倾诉。孔书记对我说："咱中国有句老话，'忠孝不能两全'，家里人会理解你的。"这句话给了我极大的安慰、鼓励和支持。我们一直聊到晚上12点。这是我们第一次相见，可以说是一见如故。

人生榜样　心灵慰藉

第二次和孔书记见面，是他陪陈汉昌部长、阿里地区党委工作组下札达检查工作，当时我去迎接的他，在会上也汇报了宣传方面的工作。开完会后，孔书记和陈汉昌带着工作组去了我的宿舍。我的宿舍是一间土坯房子，有12个平方米，里面有一张床、一张桌子，还有一些我经常用的维修工具。

孔书记坐在我床上，这里看看，那里瞧瞧，我记得当时他问我："你这些东西用的电是从哪来的？"我告诉他是通过太阳能充电，孔书记点了点头，夸我能想办法，这样的条件下还能把广播电视搞得有声有色。

那时，札达县不像咱们这里处处有电，路又难走，距县里最远的乡有二百多公里，到那里要走十六七个小时，我们每次下乡都要把所有户家的电视检查一遍。孔书记对我们年轻干部特别关注，对这些情况都了如指掌。直到今天，一想到这些我还是很感动，一闭眼，孔书记的形象立刻浮现在我眼前。

孔书记非常热爱阿里的老百姓，他看到百姓受苦就伸出援手，送钱送物、送医送药。我们从他身上学到很多，受到不少启发和教育。这些年阿里发生了很大变化，看到这些变化我会自然而然地想到孔书记，他的精神永远激励着我们在藏的干部，为百姓的福祉而不懈奋斗。

他永远活在我心中

口述人：吴志强，曾任阿里地区行署办公室秘书科科长

采访组：刘建国　赵亮亮　郜雪梅

采访日期：2019 年 3 月 2 日

采访地点：四川绵阳

为他人之不能为

1993 年，我在阿里地区行署办公室秘书科工作。孔书记来的那天晚上，因为开会我没见到他，后来有份材料需要孔书记批阅，才第一次和他见面。在我的印象里，领导大都官架子比较大，语气也比较严厉，但孔书记不一样。我拿着材料找他时，他说话很友好，也很客气。听人说过孔书记家是山东的，见面后感觉他的确是山东人的样子，个子挺高，身材挺魁梧的。

回办公室以后，我对同事们说："我见到孔书记了，他特别友好，很亲切。"同事们都说我们有了好的带头人。

我的文字材料能力在当时是比较受地委行署领导认可的。孔书记来以后，地委行署两办的会议我都参加，并负责写会议纪要。在孔书记的帮助和指导下，那段时间我的文字能力提高了不少。

孔书记经常叫我跟他一起下乡。还记得第一次跟他下乡，是去看望门士煤矿附近的藏族孤寡老人。那位老阿妈住在一间低矮昏暗的房子里，生活很困难。我们见到她时，她躺在床上，衣服很脏，身上的味道比较重。孔书记却一点也不嫌弃，他扶老阿妈坐好，又亲切地嘘寒问暖。见到老阿妈的鞋子破了，孔书记就叫人拿了双新棉鞋，自己蹲下身子给她穿上。一位地委书记，为贫困老人穿鞋，这个场景谁能想象得到呢？我当时就觉得，孔书记一定是个孝子，后来了解到确实是这样。我回去和朋友们聊起来时，他们都不相信。大家都觉得，这样的事一般人是做不到的。

同车遇险　痛别书记

孔书记刚来阿里的时候，汉族干部并不是很多。和汉族同志在一起时，他常对大家说："咱们远离家乡、亲人，在这么艰苦的地方奋斗，一定要好好干，干出成绩。不然对不起党，对不起人民，也对不起家人在咱们背后的牺牲和付出。"当时的阿里，既不通公路也不通电。从拉萨到阿里狮泉河镇，没有一公里柏油路，蔬菜也就只有大头菜和萝卜。

因为阿里北接新疆南部，所以很多蔬菜都是新疆供应的。孔书记生前最后一次去新疆考察，就是为了向新疆争取帮助和支援。我负责整理去新疆的基本材料，做了很多功课。那次行程安排得很满，时间也很赶。从狮泉河到叶城1100多公里，从叶城到乌鲁木齐1500多公里，常常跑半天也见不到一个村庄。道路凹凸不平，车颠簸不已，我们长时间乘车很劳累。孔书记太疲倦了，有时候上车就睡着了，醒了就和我们聊聊天，有时候也哼小曲，他最喜欢唱《说句心里话》。

1994年11月29日，行至新疆托里县，孔书记请同行的同志帮他拍了一张照。孔书记给大家说的最后一句话是："你看，我就像站在云海里一样。"拍完照后，大家上了车，书记就没再说话。他也许在思考问题，也许是睡着了。

之后，车辆行驶到了事故发生的地点附近。路面有薄冰，车辆打滑，驾驶员慌忙之中手刹脚刹一起用，我们还没反应过来，车就翻了。

孔繁森车祸遇难处——新疆塔城地区托里县城北两公里处

我醒来时，已是躺在托里县医院的床上。感觉好像做梦一样，心想应该已经在路上了，怎么还没起床。反应过来是出车祸之后，我的第一句话就是问孔书记怎么样了。他们一开始没跟我说实情，只说书记没事，大家都回去了，让我好好养伤，不要想别的。

那时，我一直怀疑孔书记受伤严重。后来我转到乌鲁木齐治疗，他们才告诉我，说车尾翘起来、车扣过去，然后侧翻，之后又翻了几十米远。我因为没有系安全带，车翻滚时我从车里被抛出去了，所幸被抢救过来。而孔书记折断的肋骨扎进内脏引发了大出血，当时就不行了。

得知孔书记去世的那天，我蒙着被子哭了整整一晚上。我希望翻车时孔书记睡着了，这样可能就不知道发生了什么，可以没有痛苦地离开。

住院期间和刚出院那段时间，我时常梦到孔书记。再后来，一年能有两三次梦见他。如今，虽已离开工作岗位多年，但我仍记得书记的样子：他经常戴着礼帽，看上去非常和蔼可亲；他很开朗，喜欢唱歌，高音唱得有模有样；他擅长跳舞，不管什么类型的舞曲，他都能跳，而且很放得开；他待人和蔼、接地气，不会让身边的人感到紧张；他经常教导我，无论在哪里都要勤奋工作，要把本职工作做好，领导交代的任务要圆满完成……

我和孔书记接触时间并不长，但是他永远活在我心中。

民族团结的典范

口述人：米玛次仁，曾任阿里地委宣传部办公室主任

采访组：刘建国 洪亚彬 李菲 赵亮亮

采访日期：2014 年 12 月 16 日

采访地点：孔繁森同志纪念馆

责任重大

阿里边境线长 1116 公里，是维护稳定、反对分裂斗争的前沿阵地，是保卫祖国西南边境的重要防线。边境线那么长，一不小心就容易出问题，而且性质极为严重。所以自治区党委政府对阿里地区的一把手，包括各县的书记、县长等党政军的领导要求极高，也非常关注他们方方面面的状态。可以说，地委书记这个角色非常不好当。作为一把手，肩负着维护稳定的任务，担子是非常重的，和在内地的工作不可同日而语。

孔书记虽然是从山东来的汉族干部，但到阿里之后很快就入

乡随俗，和当地群众相处得非常好。孔书记在饮食方面从不挑挑拣拣，他到了藏族老乡家里，就和大家一起喝酥油茶、青稞酒，很自然。藏族干部基本都会汉语，可以和汉族干部自如交流，但藏族老百姓就不行了。为了更好地开展工作，孔书记还专门学习了藏语。

大家都知道，不同民族生活习俗是有区别的。藏族人以肉食为主，汉族人吃面粉、米饭、炒菜较多。但在孔繁森身上，这种区别仿佛不存在。藏族老百姓给他敬青稞酒、敬酥油茶他就喝，给他风干的牛羊肉他也吃，从来不挑挑拣拣。老百姓看到孔书记这么大的领导来到自己家里，还喝了他们倒的酒和酥油茶，真的很高兴、很感动。孔书记从不摆官架子，他就把自己看成和普通人一样。这样的细节闪烁着光芒，彰显了孔书记独一无二的精神风范。

以身作则

阿里地区冬季经常发生雪灾。对于以牧业为主的地区来说，雪灾会冻死很多牲畜，给老百姓生产生活带来极大的损失和困难。

1994 年春天，札达县西北部地区还有革吉县亚热区曲仓乡（今革吉县亚热乡却藏村）发生了重大雪灾。在这种情况之下，孔书记完全可以不去，派民政部门和其他人去抗击雪灾。但他并不是这样，而是以身作则、率先垂范，冲锋在一线，对及时赈灾发挥了重要作用。可以说，老百姓需要什么，孔书记就提供什么样的帮助，这是了不起的共产党人的形象。

那时候阿里没有柏油路，行进都是靠前车的印迹判断方向，如果下大雪，车辙印就会被覆盖，上路就很有可能陷入迷途，面对这样的情况，孔书记毫不退缩，总是身先士卒。有一次在救灾途中，车陷在大雪里无法启动，想到还没把政府的各项救助措施落实到位，没有把救援物资送到群众手中，孔书记一心想着赶紧把车开出来，他二话不说脱掉大衣，拿起铁锹去铲车底下的雪。在那种温度下，脱掉保暖的大衣，极有可能受寒，但他全然不顾。太阳不出来，雪就一直不化。车前的雪已经挖得差不多了，可一刮大风，雪可能又把后轮埋上了，真是举步维艰、困难重重。

据孔书记身边的公务员回忆，在曲仓乡（今亚热乡却藏村）救灾的那一晚，孔书记的生命体征严重下降，他意识到可能熬不过去，留下了一封“遗书”。乡里有一位名叫嘎玛的书记跟我讲过他和孔书记一起救灾的经历。据他回忆，由于自己在雪地里走了很长时间，腿脚都冻得麻木无感了，眼睛也患上了雪盲症。这都是实实在在发生过的，电影《孔繁森》里也有相关情节。这位叫嘎玛的书记，救灾时落下了病根，三四年之后就过世了。可以想见，当时的自然环境有多么恶劣，而孔书记在那种境况下冲在一线，和基层干部共同战斗，是多么无私忘我。

悯恤孤老

孔书记经常下乡看望群众。他特别牵挂住在噶尔县门士区（今门士乡）附近的两位孤寡老人，每次都带着礼物过去，嘘寒问暖，帮他们解决生活上的困难。

孔书记去世一年后，中央电视台的摄制组来采访他的生前事迹，部里派我陪同。我们去探访两位孤寡老人，只找到了其中一位，名叫丹增卓玛。另一位老人怎么也找不到，经向周边群众询问，才知道她已经去世了。

丹增卓玛已经70多岁了，住在一个破烂的帐篷里，条件很差，孤苦伶仃的。我进了帐篷，她过来迎接，我说明了来意：“我们想和你聊聊，请你讲讲孔繁森生前对你是怎样关心、照顾的。这是中央电视台的记者，专门来了解这方面的情况。”

我本来是用汉语说话，她是藏族人，不翻译听不懂。但听到孔繁森的名字她瞬间动容，眼泪不自觉地往下掉，一句话也说不出来。最后老人激动地说：“孔繁森给过我药，给过我很多生活用品。”然后就摆出了双手合十的动作。在藏族的传统里，这是菩萨保佑的意思。她把孔繁森比作菩萨，更看成她的恩人。

我还问她，你有没有留着孔书记送你的一些物品，她说有，马上走进里面，把孔书记送她的礼品的包装盒找出来给我们看。

这说明，丹增老人一直惦记着孔书记。

中央电视台的记者见状也深受感动。看到丹增老人贫寒的衣着及居住情况，记者们纷纷把自己的衣服脱下来送给她。当时大家心情都很沉重，不知道怎么样表达比较好，这是在那种情境下唯一能为老人做的。

书写挽联

孔书记去世以后，我们举办了隆重的追悼会，现场有一副非常感人的挽联，作者是阿里地委原秘书长柴腾虎同志，“一尘不染，两袖清风，视名利安危淡似狮泉河水，二离桑梓，独恋雪域，置民族事业重如冈底斯山”。这副挽联在阿里几乎无人不知，无人不晓。

丹增卓玛老人得知孔繁森遇难的消息后，怀抱着孔繁森送她的礼品的包装盒潸然泪下

那时候没有电脑、没有打印机，挽联需要手写。柴腾虎同志当时是阿里地委宣传部主持工作的副部长，是我的领导。因为我从小就爱好书法，柴部长就让我来写。我全神贯注地写了很多遍，终于写到他满意的程度。同事们小心翼翼地把字一个个剪下来，贴到布制的挽联上。挽联非常长，从上一直垂到下，底端还多出一截，我们再往两边抻，整理对称。

追悼会现场庄严而凝重。大家进来，首先看到的就是这副挽联。这么大、这么长的挽联平常很少见，文采修辞也格外出色，所以到场的人都觉得很震撼。

后来阿里地区烈士陵园的孔繁森墓做一些维修改造，墓碑上的挽联也是我写的。柴部长说，挽联最初由谁写，就让谁一直写。虽然我仅仅是个书法爱好者，并不是艺术家，但和孔书记真正相处过，有真情实感在。这可能也是柴部长坚持让我写挽联的原因。

孔书记去世一周年之际，国家博物馆的同志来到阿里，进一步征集与孔书记相关的实物文献。他们找到我，说："当时你们追悼会上有一副非常了不起的挽联，书写人是你。请再写一次，尺寸要和之前的一模一样。"

再后来，很多单位举办学习孔繁森的活动，也邀请我书写挽联。其实电脑技术发展起来了，各式字体都可以用软件做，但大家始终觉得，原来谁写的，就找谁写，才能营造出严肃、正式的学习氛围。我想，这也是大家表达对孔书记崇敬和怀念之情的一种方式。

孔繁森在阿里工作时间虽然不算太长，但我觉得他算是地地道道的阿里人。他把一切乃至生命都奉献给了阿里，全国人民都学习他，阿里人更要学习他。因为他是在我们身边切实存在过的、有血有肉的典范，只有自己看到的、听到的精神，学起来才更有说服力，受到的教育才更深刻。

传承老西藏精神　谱写雪域新篇章

口述人：王伟民，曾任阿里地区旅游局局长兼旅游公司总经理

采访组：刘建国　李菲　赵亮亮

采访日期：2017 年 11 月 3 日

采访地点：成都怡家宾馆

赓续传承老西藏精神

我是 1980 年进藏的，去了阿里。那时候阿里的条件比想象中艰苦得多。

首先是物资匮乏。阿里高寒偏远，在计划经济体制下，蔬菜、油、面……什么都很缺，很多东西都买不到。大家吃饭就像打游击，今天这家蹭一顿，明天那家蹭一顿。也有年轻人一块儿组织伙食团，你带点儿大米，他带点儿菜，一起做饭吃。出差去趟拉萨，路上得花一个星期时间。那时候路况、车况都不好，车一路走一路坏。这一路下来，大家基本也都成了驾驶员，甚至都

会修车了。印象特别深的是因为空心胎容易爆，要给轮胎打气，车上四五个人轮换着打，一人一百下。我估计孔书记肯定也打过气。土路灰尘大，人到了拉萨，满脸满身都是土。当时方便面、火腿肠这些食品都没有，出门之前大伙儿就烙一些饼、煮一些大块的肉，带着路上吃。住的是那种食宿站，起早贪黑地赶路，条件很一般。

其次是精神生活匮乏。报纸都是“月报”，电话更是打不通，部队只有那种摇号的电话机，摇上半天，好不容易接通了，声音还是断断续续的。80 年代末、90 年代初期，国家推行市场经济以后，物质虽然丰富了一些，但和内地相比差距还是很大，大家的精神生活依旧很匮乏。发电用柴油机，常常是连续几天都没电，赶上运气好，柴油机稳定，才能保障晚上 9 点到 11 点两个小时的供电。电视是用“卫星大锅”收信号，只能收到一个台。通信条件差，电话很难打通，跟家里联系不上，父母担心也没办法。偶尔放上一两场露天电影，我们就穿上皮大衣、大头鞋，搬个凳子在广场上看。

我是任阿里地区旅游局局长兼旅游公司总经理的时候和孔书记有接触的。我们当时比较年轻，政治站位也没有他高，有的时候对他的做法很不理解。当时不管是县里的领导、一般工作人员还是普通百姓，只要有困难都会去找他，他都会尽量帮忙解决。我们劝他：“你是地委书记，不能什么事儿都揽着，什么人都不拒绝。”他就说：“小王，不是这样的，他们遇到的困难，对个人生活来说，可能是难以解决的大事。我作为地委书记，理应负起更多的责任，能帮人家的就要帮。”在阿里待的时间久了，我才明白孔书记的良苦用心。在这种物质和精神生活双匮乏的条件下，想调动干部的积极性、能动性，就得靠人与人之间的感情纽带，不然很多同志就无法安心工作，会想办法找各种理由内调。孔书记并不是靠权力和命令去管理干部，而是人性化地解决问题，用心、用情感动人，从而让大家更好地工作和生活。

所以我说，孔繁森精神是阿里整个群体精神的升华。阿里很多老前辈，能在那么艰苦的环境下战斗或者工作，靠的就是“特别能吃苦、特别能战斗、特别能忍耐、特别能团结、特别能奉献”的老西藏精神。今天，我们宣传孔繁森，弘扬孔繁森精神，其实就是宣传老西藏精神。

为阿里发展呕心沥血

孔书记为阿里的改革发展，确实是呕心沥血。阿里的自然环境相对内地乃至西藏其他地区来说是更为艰苦的。因此，他到阿里任职后，就动员了一批行政单位的领导到企业去挂职锻炼，这一举措极大地解放了干部思想，推动了阿里的改革发展。

阿里受通信、交通这两个条件的限制，发展举步维艰。孔书记当时去新疆的主要目的，是想借助新疆的力量来推动阿里的发展。由于历史、自然环境、地理条件等原因，阿里的发展相对滞后，对新疆的依赖性很强，物资进出大部分都要通过新疆。当时考察团还带着一个重要的任务，就是和南疆军区、新疆军区协商，请他们共同开发打造从阿里到新疆的路线。阿里通向外界的旅游线路比较少，新疆那条进出西藏的国道相对来说是一条黄金旅游线路，所以孔书记想和新疆维吾尔自治区相关领导商谈，打通新疆到阿里的路线，重点推广神山圣湖和古格王朝这些旅游资源。当时正处于改革开放早期，出于安全等方面因素的考虑，阿里地区的旅游政策是比较严格的，进藏旅游需要层层审批。想要发展旅游业，也需要部队提供一些支持。这次考察，孔书记带了阿里地区旅游、交通和外贸等部门的十几名同志，我就在其中。

1994年11月，孔繁森（前排右四）在新疆考察途中的照片

去新疆考察的具体路线是先到乌鲁木齐、喀什和有关部门的领导见面，再到塔城考察边贸。阿里的普兰县和尼泊尔接壤，普兰口岸可谓历史上传统的边贸口岸，但因种种原因慢慢萎缩了。孔书记之所以想去塔城，是想考察他们的边贸发展情况，借鉴经验来发展阿里的边贸。从克拉玛依出发，到了托里县，还没有到塔城，孔书记就在途中出了车祸。

当时到塔城去的一共有五辆车，第一辆车是新疆派去的向导车，孔书记是在第二辆车上。我乘的车和孔书记的车相距不太远，但是也没有看到出事的过程。事发几分钟后，我们发现路边有辆车翻了，当时没想到会是我们自己的车，更没想到是孔书记乘坐的车，第一辆向导车一看车没跟上来，也返回来了。看到出事，大家全都聚到那里，赶快救人。

当时车已经倒扣在那里，车上四个人，孔书记坐在副驾驶位置，秘书吴志强坐在孔书记的后面，交通局局长李久成坐在驾驶员后面的座位。车向右侧侧翻后右门打不开，我们就打开左边两个门，把车上的人救了出来。事故发生时，车队刚刚离开托里县三四公里，我们马上联系了托里县的相关部门，把他们拉到了县医院。因为车向右边侧翻，车门变形，孔书记的肋骨断了。托里县医院尽最大努力抢救，但还是无力回天。

根据现场来看，车倒扣在离路基大概十几米的位置。车祸发生时，车可能在离公路大概两米的下坡处翻了几次，才倒扣在那里。因为车门挤压，孔书记肋骨断了，插到内脏，引发内脏出血死亡。

孔书记出事以后，我们把他的遗体从托里运到了乌鲁木齐，用的是殡仪馆的那种灵车。同去的有新疆维吾尔自治区党委办公厅的一位主任，还有考察团里计委和石油公司的同志。我们守着孔书记，从托里到乌鲁木齐，整整走了一晚上。孔书记一句话也没留下，什么都没说。除了颈部的勒痕，没有其他任何外伤，也没有痛苦的表情。他看起来和平常一样，就像睡着了，我多希望他能睁开眼睛看看大家，可是永远不可能了。

在孔繁森精神的激励下前行

口述人：李兴国，曾任阿里地区电视台记者

采访人：米玛次仁

采访地：西藏阿里地区文化局办公室

从参加工作开始，我就从事新闻宣传工作，曾有幸陪同孔书记到基层各个点采访。在这个过程中，我和孔书记有过多次近距离的接触，他的言行举止很大程度上影响了我的人生观。20多年过去了，很多相处的瞬间依然历历在目，其中有三件事我至今记忆犹新。

衣服去哪了

大概是1994年3月藏历新年之后，我接到任务，跟随孔书记前往日土县有名的穷困村过巴村拍摄采访。当时道路崎岖艰险，和现在没法比。90多公里的路程，工作组却走了将近3个小时，到过巴村已经是中午之后了。按照工作安排，先进行实地调研。孔书记挨家走访，跟老百姓促膝长谈，亲切交流，询问生活现状，了解致贫原因。我作为记者，把这个过程认真、全面地记录下来。

我们走进一顶帐篷，里面只有一位50多岁的老阿妈。她的衣服单薄褴褛，家里的家具陈旧破败，能看出是贫困户。走访完之后，第二项议程是在村委会会议室，同村党支部书记、村委会主任、村干部和部分老百姓座谈。按照会议议程，由孔书记听取工作汇报。但孔书记不知道去哪了，大家都在等。我习惯性地把摄像机放到会议室，就出去找孔书记了。大概6点多，我看到孔书记从不远处的那顶帐篷里走出来，我赶紧说："书记，你好！会议马上开始了。"他说："好好好，我来了。"他进了会议室，开了近两个小时的座谈会。会议非常重要，孔书记和大家针对该村致贫的原因和现状进行了详细的调研和讨论，初步形成了过巴村下一步的发展规划。在这个会议上，过巴村群众表达出强烈的致富愿望，我作为记者也深受感动。后续的工作大家也都知道了，日土县政府制定并出台了一系列的帮扶措施，帮助过巴村群众摆脱贫困走向富裕，这才有了今天我们看到的过巴村老百姓富足殷实的幸福生活。

会议结束后，孔书记跟我还有一位秘书长乘车返回日土县招待所。在车上，孔书记一般不喜欢开暖气，那天突然对驾驶员小杜说："小杜，把车上的暖气开一点儿。"我们也没有想太多。三月份的阿里温度还是比较低的，一路上还飘着小雪。回到日土县的招待所，书记住的房间靠里边，我们几个住的房间靠外边。我经过书记房间门口，无意中看到书记把深蓝色的风衣脱了下来。这个时候我才发现，书记不太厚的风衣里面，只有一件薄薄的白衬衣。我很纳闷，冲进去就问："书记，你里面的毛衣和小棉袄呢？"他瞪了我一眼，说："不要讲。"我当时不知道发生了什么，就出去办别的事了。过程中我想：不对呀！书记身上的衣服哪去了？

后来听别人讲述，我才知道，那次开会前孔书记到了老阿妈家里，把他里面穿的毛衣棉袄脱下来，送给了老阿妈。这件事让我非常难忘。从那之后，作为记者的我，不仅是为了完成工作而关注孔书记的一言一行，而是从个人情感上也更关心他、敬佩他了。他的言行举止、他的精神境界、他殉职后被世人传颂的事迹，一直到今天，依然引领着我、打动着我、感染着我。

雪洞刨鞋

1994 年是我印象中阿里地区最寒冷的年份，全区普降大雪，发生了严重的雪灾。我接到通知，跟随孔繁森书记带领的工作组前往革吉县拍摄采访。到了革吉县，县政府安排车辆人员一同向曲仓乡（今革吉县亚热乡却藏村）进发。过程非常艰辛，道路崎岖，又是在大雪的恶劣天气下，工作组缓缓地行进着，很多时候车陷入雪地里出不来，需要工作组的同志全部下来，一起挖雪推车。

孔繁森在救灾途中下车清理积雪

那个年代，可能阿里的很多干部都经历过顶风冒寒、铲雪推车的工作场景。这种情况下，我身兼两项工作，一是跟大家一起拿着铁锹去挖雪推车，二是将重要的、感人的、有新闻价值的镜头赶紧用摄影机记录下来。拍摄的过程中，我踩进了一处非常深的雪地，拔出脚的时候，鞋子嵌在了雪里面。在严寒的条件下，这很容易导致冻伤，甚至足部肢端受损。当时，孔书记就在我旁边挖雪，看到这种情况，他立马冲过来，一只手把我的脚抱起来，另外一只手伸到雪洞里，连拽带刨地把我的鞋子挖了出来。我右手扛着摄影机，无意中记录下了这样一位地委书记帮我从雪地里刨鞋的镜头。

鞋子里全是雪，孔书记扶着我，说："你现在不要拍了，赶紧上车。"我拿着摄影机，一只脚没穿鞋，半走半跩地到了车前。孔书记帮我把车门打开，我踉踉跄跄地坐了进去。他把我鞋子里的雪倒掉后，放到车上，说："你不要下来了，脚要受伤的。"我当时 20 多岁的年纪，第一反应肯定是服从，第二因为自己在这方面也没什么经验，就在车里把鞋子里的雪清理干净，又把袜子脱掉，做了一些处理。

我望着窗外，看到孔书记带领工作组所有的干部职工，冒着严寒、顶着大风在那里挖雪开道，便有种要出去把这个场面拍下来的莫名冲动。所以我用最短的时间、最快的速度把鞋袜收拾好，拿上摄影机，下车返回现场继续拍摄。这个过程我至今难忘。

说句心里话

我们现在看到的孔书记在雪地里就着雪吃干粮的镜头，也是雪灾时拍摄的。当时，我奉命跟随工作组前往札达县进行拍摄。到札达之后，当地受灾情况令人震惊，牛、羊都倒在雪地里，大批死亡。

孔书记看到后非常焦心，通过向县委、县政府了解情况，得知平时雪量就比较大的达巴乡此次受灾最严重。县领导的意思是，去往达巴乡的道路非常艰险，几乎过不去。孔书记说："不行，我们党和政府在这儿，我们工作组在这儿，我们想方设法也要去乡里看一下老百姓，慰问当地的灾民。"

按照这个指示精神，工作组组织了大概五辆车，带着所有的装备开始向达巴乡进发。离开札达县古格王朝遗址[1]再往前走一点左拐，首先碰到的是达坂。当时的走法，需要先上到达坂最高点，再往下走，有15公里左右。

这段路现在走的话，可能十多分钟就能过去。但是在当年，即使正常通行也得半个小时。况且那天路上积雪很厚，我们从早上7点钟出发，一直走到下午5点，用了10个小时。这个过程可以用“惨烈”来形容。十几公里一直在缓缓地上坡，所有车辆全部陷入雪里。孔书记不断带领大家清扫路面积雪、推车、挖雪，车走不了多远就又陷进去了，我们再下来挖雪、推车。一路上我们一次次重复着这个过程，中间吃一点干粮补充体力。

我现在想，当时大家心里为什么能有那样的热情？战斗力为什么那么强？有两个原因：一是大家心里面惦记着达巴乡受灾的老百姓；二是我们的地委书记孔书记亲自带领大家在这样艰难的道路上一起推车挖雪，这种情况下也没有什么人叫苦了。

当天下午5点左右，工作队终于都翻过了山头。到了路面后，所有的人都累瘫在了雪地上。孔书记走过来与大家坐在了一起，说：“大家辛苦了！我们战胜了达坂，走过来了，一起唱一首歌吧！”在这种情况下，听书记这么一说，大家精神为之一振，说：“唱吧！”我清楚地记得，大家唱的是《说句心里话》。其实，想

---

① 编者注：古格王朝遗址是一座高原古城遗址，位于阿里札达札布让区象泉河畔的一座土山上，西距札达县城约18公里。

都不用想，当时只要阿里干部一说唱歌，张口就是这首歌。大家在孔书记的领唱之下，跟着合唱了几句，因为确实很累，声音不是很嘹亮。孔书记说，赶紧补充营养、补充能量。驾驶员把车门、后备箱打开一看，就剩了 11 包方便面。大家把方便面拿下来，没有热水。孔书记说：“这个方便面干着吃是非常好吃的，大家尝尝。”我们纷纷撕开包装袋，一人掰一块。没有水，大家嘴巴也都裂了，面饼还很干。孔书记就地抓了一把雪吃，大家也跟着，啃一口方便面，声音很响很脆，再就上一口雪，就像在吃很美味的食物。我当时发现这个镜头太珍贵了，必须要拍下来。我什么也没说，把手上的方便面一扔，去车上取了摄影机，记录了这个画面。

正如毛主席所言，“人是要有一点精神的”。一个国家、一个民族要发展、要进步，离不开坚强的精神支柱。孔繁森精神在阿里高原形成，历经时代变迁依然散发着光芒。我认为，在这个时代，我们更需要大力倡导孔繁森精神。从过去到现在，孔繁森精神始终激励着我昂首阔步、砥砺前行。

共克艰难困苦　温情永驻心间

口述人：侯炳坤，曾任阿里军分区通信科参谋

采访组：高杉　刘建国　李菲　郜雪梅

采访日期：2016 年 1 月 11 日

采访地点：郑州市公安局

1993 年初的一天，军分区的刘运通司令员打电话让我过去，说地区来了个孔书记。我所在的部队属于边防部队，除了担负边防巡逻的任务以外，还要做好通信保障工作。当时孔书记兼任阿里军分区第一书记，刘司令员安排我给孔书记的办公室接了长明电和内线军用电话，这样有什么事情方便沟通。这是我第一次跟他接触。后来因为工作关系，我会时不时到孔书记那里坐一坐、看一看，慢慢地就和他熟悉了。孔书记的品格和风范，给我留下很深刻的印象。

艰苦朴素

印象最深刻的是孔书记艰苦朴素的生活作风。他经常把家里和储藏室的钥匙交给我，他家除了国家标配的必需品以外，几乎没有个人的东西。客厅里放着地区给他配的一张三人沙发和两个单人沙发，是带弹簧的那种，坐时间长了人都会被硌得不舒服。沙发已经用了好多年，有些地方都破损了，他套上沙发套继续用，脏了就把沙发套洗一洗。除了沙发，楼上还有一张床、两个床头柜、一只“一头沉”的三斗桌和一个放衣服的柜子，一共就这些家具。此外，一台不知道什么牌子的小电视机、一台播放盒带的老式录像机，就是他家仅有的“高档”电器。

攻坚克难

孔书记对工作认真负责，他不怕困难、不怕牺牲的精神深深地感染了我们。1994 年初，阿里地区发生了几十年不遇的大雪灾，群众缺衣少粮，成群的牲畜因冻饿而死。当时孔书记对工作的最低要求，就是不能出现冻死、饿死人的情况。部署好所有工作之后，孔书记坚持要去受灾严重的普兰县看望灾民。我们都劝他，雪太大了，非常危险，不要去了。但无论多么恶劣的环境，都不能阻挡孔书记把党的温暖和关心送到群众身边的决心。

去的路上，他们的车被大雪困住了，我们就派了牵引车开道护送他过去。后来我们和刘司令员一块儿去看望孔书记，发现由于雪地反射的紫外线非常强，他的整个脸都被晒破皮了。

情暖部队

阿里自然条件恶劣，当地边防战士的工作和生活非常艰苦，甚至有时还有生命危险。记得大概是1990年初，一次下大雪，两个战士外出检修线路失踪了。我们搜救了好几天，找到他们的时候，一个战士扒着电线杆，还做着往上爬的动作，已经冻死在那里。两三公里以外，另一个战士孤零零地在那里蜷缩着，也冻死了。这两个场景我至今难忘。由于是冬天，家里的人也上不了山，军分区就派车把他们的遗体运了下去。两个战士牺牲时都只有十八九岁，真的让人非常痛心。

那时候没有电话，战士们与家里联系全靠写信。有些人说在阿里当兵人会变得“痴呆”，因为当兵的三年里接触的只有部队这几十个人，那时候没有网络，不能看电视，就连报纸也要一两个月才能送过来，可以说几乎接触不到任何实时的信息。长期高寒缺氧的环境对人的身体伤害也是比较大的。记得刚去阿里的时候，我脑袋疼得像炸了一样，有想撞墙的感觉，吃也吃不下、睡也睡不着，时间长了才慢慢适应。当时我的体重还不到 120 斤，每次回到内地检查身体，都会检查出脾比一般人的大一点，医生都以为我是体育运动员，但其实在阿里是没有大强度训练的，就是跑跑步、打打靶，正常队列训练。

孔书记也是军人出身，他非常能体会边防战士的实际困难。在他的努力争取下，阿里建了一个卫星站，建成以后就在军分区通信科装了一部免费的电话。那时候资源非常紧张，整个军分区就给了一部电话，但已经是很大的进步了。

赤诚待人

孔书记很务实，尽心尽力地为当地的干部群众办实事。阿里的生活条件很艰苦，食材基本吃储存的。地委食堂跟我们部队食堂相比，条件差得很远，菜都是从新疆叶城运过来储存到地窖里。冬天大雪封山不通车，所以每年 11 月份之前必须储存足够吃到第二年春天的物资，但地窖的储存量也是有限的。为了改变这种状况，孔书记每年都要到乌鲁木齐开运输协调会，一起商定新疆要承担多少吨运送到阿里的物资。

周末或过节，孔书记经常到部队去看望战士，和他们聊聊家常。如果遇到战士的家属也在阿里，他还会带些青菜、水果之类的物资一起过去。他没有一点儿书记的架子，非常平易近人。

孔繁森看望部队战士

我和我爱人都在阿里工作。我爱人做拉条子①的手艺非常好，刘司令员知道孔书记是山东人，喜欢吃面食，就让我爱人到军分区灶上做拉条子，她也因此认识了孔书记。当时我们家里很困难，孩子刚十个月，我母亲瘫痪在床，没有人照顾孩子，我们就把孩子放到我岳母家。孔书记了解这个情况以后，表示如果有机会，一定以组织的名义帮我们解决困难，帮助我们内调。他每次从外地出差回来，都会带些菜或其他物资给我们。他的关心和体贴让我们很感动。

孔书记喜欢唱歌，我有幸听过几次。第一次是他到我们军分区去，听说军分区有一台 DVD 机器，就唱了首歌，唱得非常好。

① 编者注：拉条子是新疆拌面的俗称，是一种直接用手拉制而无须擀压的细长面条，在西北地区颇受群众欢迎。

后来，过藏历新年，他邀请我们去慰问藏族同志，在邮电局二楼会议室落脚。邮电局也有一台 DVD 机器，我们和藏族同胞一块儿唱歌，那种其乐融融的氛围我们一直很怀念。

从 25 岁到 36 岁，我在阿里待了 10 年多，1996 年转业分配到郑州市公安局。每每想起孔书记和我们相处的点点滴滴，我都觉得非常亲切。孔书记是我们心中永远的楷模，他“能破万重困难关，越是艰险越向前”的精神始终激励着我们。我觉得在阿里艰苦的条件下奉献自己的青春很值得。只要是在阿里工作过的人，都对那里有很深的感情，都很珍惜那段时光。在阿里工作确实锻炼人的意志，走到今天，只要想想那时候的生活，就会觉得没有什么困难是过不去的。

他觉得，为别人好就是幸福

口述人：段翔鸿，阿里地区日土县政府办公室原副主任

采访组：刘建国　洪亚彬　赵亮亮

采访日期：2017 年 10 月 17 日

采访地点：河北日报社

最初印象

1992 年我受河北省委组织部派遣到西藏工作，先在狮泉河待了一段时间，后被分配到日土县任政府办公室副主任。

1993 年春天，刚到任的孔繁森在秘书长安七一的陪同下到日土县走访，这相当于和当地干部第一次正式见面。我对他的最初印象是很干练，虽然穿得普通，但是干净利索。

孔书记的口碑一直非常好。他讲话有浓重的山东口音，很豪爽。他给我们做动员，给大家鼓劲打气，赢得了良好的群众基础。大家听了他的动员，看到他的风度举止，都深受鼓舞，觉得

阿里这次有希望了。

当时我20多岁，学新闻出身，又是为数不多的女同志之一，在县政府办公室管文字材料和接待工作。孔书记比较认可我，也很注重对我的培养。我本来觉得自己还是个小孩，受到书记的鼓励，就有了动力，想把各项工作都干出成绩来——这就是对他最初的印象。

人生历练

只要地区有重要的工作，孔书记总会叫我去，因为学电视新闻的只有我和周滨，挑不出第三个人。

当时人才真是太稀缺了，汉族的干部一回内地，藏族干部要独自面对很多问题。比如不知道怎么做工资表，只能手写记录，干部们上个月发多少工资，这个月就发多少，很难实现规范、有序的管理。

当地也没有正规商业经营的饭店。吃饭就像打游击一样："今天中午上谁家？上小段家！"20多个援藏干部呼啦啦一下子全来了，扎堆做饭。晚上再换一家，一起做饭一起吃，吃完饭收拾利索，再休息一会儿，到10点半11点就没电了，一片漆黑。当时水电站还没有建成，只能点蜡烛。但缺氧的话连蜡烛也点不着，大家只能直接睡觉，或者举着手电筒聊天。

我们当时去拉萨，要经过拉孜县，一到雨季发大水，河水上涨，只能把车开到摆渡船上拉过河，没有船就过不去。另外一条路线是从新疆那边走，那条公路特别危险，一到封山期，四五个月的时间不通车，根本过不去，只能提前把过冬的物资准备好。冬天，青菜只有辣椒土豆。我在那里过了两个春节，没有青菜的时候只能吃罐头。

现在回想起来，这些对人生来说都是很好的历练，也让我深刻意识到在艰苦的环境中，更要坚持乐观向上的心态，努力做出工作成绩。

楷模风范

1993 年 7 月，自治区副主席拉巴平措带工作组来到阿里，主要针对贫困县等地点进行调研，七个县包括地区要走一圈。孔书记通过军线给日土县打电话，问我是否可以随行帮忙拍摄和写宣传稿，县委就让我去了。

我们提前到的措勤县，当时自治区工作组的人还没有到。孔书记看了看县招待所的条件，挺简陋的，其实是把会议室桌椅腾出去，临时搭的床，连大通铺都谈不上。被罩也非常脏，像是好久没人用过一样。可是第二天下午拉巴平措副主席一行人就要到了。

孔书记就说：“这样不行，我们要把它洗洗。”当时只有一台洗衣机，用的柴油发电机，功能也不先进。孔书记非常勤快，一

孔繁森（左）和自治区副主席拉巴平措促膝交谈

直不停地洗、晾，看到洗衣机没洗干净的地方，就自己用手去搓。他不让我碰，说：“我每天都洗冷水澡，不怕凉。你受不了。”我们洗了很多被罩，甩干了就晒在红柳树根上。就这样洗了整整一夜，基本没有合眼。高原地区阳光很强，第二天太阳一出来，被罩都晒干了，我们又马不停蹄地挨个往被子上套。

在措勤工作很忙碌。拉巴平措副主席到了以后，先听取当地县委书记的工作汇报。孔书记一直跟着，所有需要张罗的事，都是他跑在前面。调研完措勤就是改则，到改则的时候包饺子，要包够四五十个人吃的。在场的很多人因为高原反应干不了活，还有一些藏族女同志不会和面，孔书记就自己和了很大一盆面。为了让工作组吃上饺子，他一直不停地在干活。

我和他、张金科、周滨一起在路上45天，一路欢歌笑语。他坐在副驾驶的位置，很壮很高大。我们三个人在后排，我坐在中间，孔书记有时候给我们唱歌，还很风趣地给他俩起绰号，大家其乐融融。

说到美学他头头是道，据说聊城老家的窗帘和室内装饰都是他亲自挑选的。他厨艺很好，说起哪个菜怎么做，他步骤清清楚楚。我们一起出差，经常吃他做的饭。

虽然工作环境艰苦，有时候到半夜还要干很多活，但是在孔书记的人格魅力感染下，大家从不觉得累，都特别想帮他多分担一点。

有一次好像在革吉，工作人员特别多。我们自己做饭，一锅又一锅的面条都是我煮。孔书记非常关心地对我说：“你赶紧吃点吧，别老照顾别人。”他要接待自治区的人，迎来送往非常忙碌，但每次经过我身边都要说一句“抓紧吃饭”。孔书记当时将近50岁，两鬓也斑白了，自己身体也不好，但首先想着关心年轻人。在远离家乡、远离亲人的高原上工作，他这样一位长者的关爱，让我觉得特别温暖。

在革吉县去山上的农牧区现场办公的时候，下起了雨夹雪，因为没有房间，也没有帐篷，大家只能盘腿坐在山上。当地领导向自治区汇报工作，我在那里记笔记，穿得比较单薄。孔书记看我笔记本淋湿了，就让周滨、张金科他们给我打伞。我印象中现场一共就一两把伞，大家有的穿着雨衣，有的穿着防寒的羽绒服，但孔书记只穿了一件米色的风衣。我说我不用伞，必须给书记。他坚持不要伞，还说：“你这是工作，淋湿了就没法写了。”这些点点滴滴的细节，回忆起来特别让人感动。

孔书记下乡的时候总是带着药箱，给老百姓看病拿药。遇上有人呼吸困难，他去救助，甚至用胶管给他们吸痰，别人拦都拦不住。他看哪个老百姓家里比较苦，就把身上的钱掏出来给他们。他经常流着眼泪感叹老百姓生活这么苦。他自己的钱掏完了，就借周边人的。跟他熟悉的人他都借过，我就借给过他三次。他是打心底看不得别人苦。这样的事情特别多。

有一次不是在革吉就是在改则，孔书记看到有老人、孩子身上有伤，脏衣服和伤口都黏在一起了，他毫不嫌弃，把衣服剥开，先找干净卫生的布擦拭伤口，再帮他们上药。这些都是他日常做的。当然，他会以本职工作为中心，比如说先把需要向自治区汇报的工作做好，再抽空去给牧民看病。

我们出差时间很长，一趟下来将近两个月，一起坐车、一起工作，这些都是我亲眼看到的。我当时年纪轻，想得没有那么深刻，只是觉得他工作热情挺高。他曾说过一句话，“共产党员爱的最高境界是爱人民”。他当时也跟我们那么讲，爱的最高境界是爱别人，爱别人的时候他是很幸福的。我到现在才真正理解他，觉得他的境界完全超出我们。孔书记从来不觉得苦，他觉得为别人奉献是一种幸福，那是一种很高尚的情怀。

日土县有个班公湖，是西藏开发比较早、比较成熟的一个景区，可以说是当地发展旅游的样板。孔书记去那里考察，吃饭的时候，鸟来啄他的食物，他会跟它们和谐共处，就好像小鸟是他的伙伴一样。换成别人可能就轰走了，但他对小鸟非常有爱。每年一到四五月，岛上便会聚集很多鸟，人几乎都下不去脚。他从来不让我们捡鸟蛋，说那都是生命，特别尊重和爱护环境。

援藏回来好几年后，承德市委宣传部让我写了《雪域情怀》在《承德日报》上连载。日报发行量很大，大家都抢着看，因为这是跟孔书记相处这么久的人写出来第一手的东西。除了我们这些和孔书记同批援藏的，后面援藏的干部对他并不了解，可能零星听过他的事迹，没见过他本人。

孔书记政治立场坚定、领导才干突出。他逻辑性很强，善于发现文字材料和工作方法中的不合理之处；他思路开阔、条理清晰，在关键的节点上善于总结和提升；他综合协调能力很强，既能总览全局，又能把控细节，会把方方面面的事安排得非常得当。

他在生活中和蔼可亲，非常周全和善良。但他并不是没有原则的善良，面对复杂情势也能当机立断，很有魄力，而且不畏艰险、不怕牺牲。他平时常和我们打成一片，但绝不会因此放低工作标准，一旦出现纰漏、差错，会及时批评纠正我们，不厌其烦、极有耐心。

和他近距离接触后，觉得他确实是一位楷模，方方面面都做得特别好，值得人敬仰。我这么说，绝不是因为他被树为典型，而是当时、当地就这么想。

噩耗传来

孔书记从狮泉河出发去新疆，途中经过日土县。狮泉河交通不方便，杂志报纸送达不及时。我这里交通相对方便些，杂志报纸也很多。他跟我借了一些杂志，说要路上看。孔书记非常勤奋，他很爱读书学习，所以知识才那么渊博。

新疆南部给阿里供给物资比较方便，有些项目也可以跟阿里合作。新疆的王乐泉书记是孔书记的老领导，谈合作孔书记出面会好一些。孔书记去新疆之后，我们一直盼着他回来。我和日土县的县委副书记任建春常常讨论，孔书记走了多少天了，他回来的话肯定经过日土县，这里海拔相对低，能稍微停一停、休息一下。

一直没有孔书记的消息我们就等，偶尔地区会传来消息说他到新疆哪儿了，他去塔城的事我们也知道。

有一天援藏干部们都在我那里包饺子，万万没想到，突然接到了县委办公室的通知，说孔书记的车好像出事了。我一听先问消息可靠吗，县委办公室主任蒲新说了四个字——千真万确。

我难以相信，追问："你再核实一下，即使车出事了，人也不会有什么大事，也许只是住院了呢？"

当时我们都抱着很大的希望，想着也许我们赶紧到新疆看看，找医疗条件最好的医院，哪怕身体受了重伤，只要人还在就可以了。我们一直抱着这个希望，结果地区开始派人往新疆去，我们就知道这个事确凿无疑了。知道他不行了，我难过得一句话也说不出来。

当时李玉建去新疆处理孔书记后事了，他是安七一走了以后接任的秘书长。日土县是从阿里去新疆的必经之路，李玉建过来时，把电报军线上的消息给我讲了讲：怎么开追悼会、去纪念，给孔书记画像……所以这个过程我是很清楚的。

我们这些当时跟他工作很密切的十几个人，知道他去世这件事后，难受得真是无法形容。

孔书记去世后，阿里人民都非常悲痛。之后的很长时间内，在阿里不能提“孔繁森”三个字，只要一提起，大家就会一块儿掉泪。记得有一次我们正在日土县开会，县委书记说起孔书记车祸的事，大家自发在会上默哀。

中宣部和自治区树立典型，派记者来采访，我都说不出来话。后来再叫我接受采访，我基本没去过。他的一言一行、一举一动都好像还在眼前，不能接受他不在了。你们这次来采访是我第一次开口讲述。在此之前觉得有些事不能去碰，一碰就觉得承受不住。

斯人宛在

安七一非常能干，孔书记很欣赏他。安七一给我讲过孔书记和他的故事。有一次，两人在家里谈工作，因为阿里每天晚上11点多柴油发电机就停了，没有电。他们起初点蜡烛，后来就在被窝里趴着，挨在一个大床上，待了一夜，还拿手电筒光照着看材料。安七一讲：“老孔整夜都在跟我说，哪儿建骨粉厂，哪儿发电，有哪些资源……一夜没睡，一直在聊阿里下一步的发展。”

我和刘明还有安七一，我们三个跟他接触特别多，而且是他坚定的支持者。他工作也会遇到方方面面的困难，不管政商环境还是风土人情，都有一些需要适应的地方。我们毕竟到阿里稍微早一些，有些援藏工作也很复杂，但肯定是他说到哪儿我们就执行到哪儿，跟他共同承担责任，感情很深。

孔书记去世后，我、刘明和安七一我们仨聚到一起时，肯定先谈孔书记，但说不了几句就都不讲话了，就在那儿默默地坐着，一坐两个小时。有时候，我到北京看安七一，他说，总觉得老孔没有死，总想有一天到新疆、到阿里去看看他。

我们多希望他还在，希望再见到那个谈笑风生、水平非同一般的他。他的高洁品质、他的才华，已经超过一般人。为阿里做些事情，把事情做好，让老百姓过上幸福生活，就是他最大的快乐。他一心装着贫困百姓，身上又没钱，天天跟别人借。他身上那么多病，也顾不上去看。他对吃饭没有讲究，也不看重享受，住处也很简朴。但他很幸福，因为他觉得为别人好就是幸福。

一般人都会考虑自己的利益，而他认为，只要是为别人好，让别人更幸福、生活更美好，他就去贡献、去奉献，不求回报。

我觉得人不需要自己去夸耀自己付出多少、为别人做了什么，其他人都是看在眼里的。桃李不言，下自成蹊。

一生引航　恩情难忘

口述人：梁福兴，曾担任孔繁森在阿里工作期间的公务员

采访组：刘建国　洪亚彬　李菲

采访日期：2014 年 5 月 7 日

采访地点：济南如家酒店

励志榜样

孔繁森同志纪念馆里陈列着一封信，是我的小爷爷写给孔书记的。小爷爷是中学校长，也是我们全家最有文化的人。我父亲特地请他写了这封信，来表达我们全家人对孔书记的感激之情。

孔书记在工作上是我的领导，在人生路上是我的榜样。虽然我们没有血缘关系，但他在我心里就像亲人一样。

我老家是重庆的。18 岁那年，我高考落榜了，心情很郁闷，想通过参军考军校，就去了武警西藏总队阿里支队服役。经过严格的政审，我被组织安排给孔书记当公务员。

孔繁森与小梁在阿里家中

第一次见到孔书记，感觉他脸黑黑的，也很苍老，坐在那儿一句话不说，挺严肃的。我一看心想：这下麻烦了，这个老头不太好说话，以后怎么相处呢？当时是孔书记来阿里的第三天，地委行署的领导都来看望他，白天很忙，一直到晚上我才有机会和他聊天。孔书记问我，家是哪里的，家里有什么人。家长里短的这么一聊，慢慢地就感觉他和我想的有点儿不一样，看他的脸也没那么黑了。

我问他："书记，您多大年龄了？"

他说："还不到五十呢。"

我说："不会吧，我看怎么像六十呢。"

就这么一问一答，我心中的顾虑慢慢打消了。相处得越多，我越感觉孔书记不是想象中的那种高高在上的领导，他很随和。认识孔书记的第二天，他就高高兴兴地带着我们一起去植树。他丝毫没有不想待在阿里的意思，从没听他说过一句抱怨的话。他工作激情满满，又是下乡，又是看望老百姓，到阿里两三个月，就把下边的乡镇基本上跑遍了。

我跟他在一块儿，既没感觉年龄上有差距，也没感觉职务上有高低之别。在家里，我们一块儿洗衣服，他教我怎么洗："衣袖衣领这些地方比较脏，要先把领子洗洗，再把衣袖洗洗。抓不住重点的话，你洗半天也不一定洗干净，人家可能三五分钟就洗得很干净。"我当时感觉，"嘿，这么大的领导还研究洗衣服这种小事呢"。

跟孔书记熟络了，我直接问他："书记，你来这个地方打算长期干下去吗？"他说："不干能行吗？这里也需要人啊。"

孔书记的思想境界比我要高得多。和他在一块儿生活、工作，他那种乐观的情绪、积极的态度时刻鼓舞着我。他总是开开心心、充满活力，完全不像将近50岁的人。地委副书记和行署副专员的公务员喜欢来我们家做客，书记和我们三个年轻小伙子比赛掰手腕，我们把他扳倒在地上，他就在地上和我们摸爬滚打。他爱好诗词，有时就即景写几句诗，我就笑话他："你又要写顺口溜啦？"孔书记一声叹息："你这小子，又打乱我的思路了。自己文化程度不行，还讽刺我。"我们就这样没大没小的，笑作一团。

博爱胸襟

书记是一个博爱的人，总是为别人考虑得多，为自己考虑得少。

他在阿里一个月有500多块钱的补助，都是我到行政科去领，领钱的时候换成零钱，方便他下乡的时候带着分给老百姓。他看到贫苦的小孩要给钱，碰到孤寡老人也要给钱，一个月的补助，往往就这么“贴”没了。

阿里缺蔬菜，有时部队的运输车会捎点菜来。经过长途运输，剩下的能吃的菜本来就没多少，书记自己还舍不得吃，一大半分给了周围的同志，自己只留下一小捆儿。

书记把他收养的孤儿曲印和贡桑也带到了阿里，让他们在阿里上学。这两个小孩经常带同学回来，同学也穿得又脏又乱，书记就烧水亲自给他们洗澡。洗完澡以后孩子没衣服穿，书记把我的衣服拿来，把裤腿截一截，让他们先穿上，再带着他们到外面市场去买新衣服。我让曲印和贡桑别再带小孩回来了，也经常埋怨书记：“你怎么管得过来啊？”书记说：“没事没事，来就来吧，就是买套衣服，带着洗个澡呗，还能有多麻烦啊？”

那两个小孩很调皮，有时候我骑自行车驮着他们上学还不愿意，想坐车。书记从来不骂他们，还手把手地教他们学习。贡桑成绩好点，曲印更捣蛋一些。有一次，曲印只考了四五分，却自作聪明地在前面加了个“9”，但卷子上全是叉号，一看就知道是作了假。书记很生气，因为这件事打了他一次。曲印赌气跑出去了，书记既害怕又紧张，赶紧出去找。我跟书记说：“不能找，绝对不能找，不能惯他，让他自己回来。”书记说：“不行，得去找，这么小的孩子跑出去，出了事怎么办?”孔书记对他们就像对自己的孩子一样，非常包容。

孔繁森在阿里的家中和孩子们玩

书记在阿里工作的时间不是很长，但他留下的精神是很宝贵的。生活上，他勤俭节约、艰苦朴素，穿的内衣都是带补丁的。他不是不想穿好衣服，只是不舍得花钱。记得有一次去北京出差，天很热，他只带了长袖衣服，看上一件短袖，可太贵没舍得买。他对别人很大方，但自己真的很节俭。

书记当过兵，对部队的感情很深。记得有一年阿里武警新兵来报到，来的路上就牺牲了两个。还有一部分战士高原反应很严重，来了之后情绪很低落，纷纷表示想回家。我们政委向书记汇报了这个情况，书记去烈士陵园给牺牲的战士开追悼会，还亲自到连队做心理辅导：“有我在这里，你们放心好了。我们一定派最好的医生把你们的病看好，帮你们渡过难关。你们还是小伙子，未来的路还很长，我一定在这儿陪着你们!”过后，书记在家里念叨了好几天：“哎呀！太可怜了，这么小的小孩，这么小的战士，才十七八岁，跟父母都见不到最后一面。还没开展工作就牺牲在路上了，太可惜了……”连着好几天，他说起来就掉泪，对战士们的心疼、牵挂之情溢于言表。

还有一次，有个战士回家休假没有旅行包，跑到书记家里借。书记赶紧把包找出来给他，还贴心地询问：“还需要别的吗?缺钱花吗?”战士支支吾吾地说不出话，书记立马拿出二百块钱塞在战士手里。他真的是一个非常善良的人，对谁都特别好。

舍己尽忠

1993 年夏天，王姨和孔玲到拉萨。不巧的是，当时孔书记正在下乡。为了保持通信畅通，书记把我留在了阿里。他每天晚上结束工作回到县武装部，就用那里的军线电话打到阿里，孔玲也用拉萨的外线电话打到阿里。我就是中转站，用军线跟孔书记接通以后，把两个电话的话筒扣到一起，孔书记和孔玲才能听到对方说话。

王姨身体不大好，到拉萨以后吐血很厉害，在西藏军区总医院住院。孔玲来到拉萨人生地不熟的，大家都催孔书记回拉萨照顾王姨。但是他当时的工作实在是脱不开身，只能强忍着想念和担忧继续工作，安排拉萨当地的老同事、老朋友暂时照顾她们娘俩。不是他不顾家，确实是没有办法。那时候孔玲不理解，我也不理解，后来我们都有了各自的事业，才体会到书记当时的处境。

孔书记长期在西藏工作，因此心脏不太好，经常打着吊瓶看材料。他不去医院，都是叫护士到家里来把吊瓶打上就让护士走。液体输完了，我给他换药、拔针头。阿里本身气候环境就很恶劣，社会也不是很稳定，再加上孔书记整天下乡，需要操心的事很多，普通人真的体会不到他那种工作压力。

书记到了阿里发现的第一个问题就是缺电。阿里没有发电站，为了必要的保障，我们武警支队有个发电房，每天晚上七点到九点供两个小时电。屋里的灯没有开关，自动停电、自动来电。地方上的情况比这还要落后。书记对阿里的发展有自己的规划，一是想建个飞机场，二是想建个发电站，他一直为这两个项目奔忙。尽管阿里当时还很贫穷落后，但在书记的带领下，整个班子都很团结，发展得越来越好。因为书记给阿里打下了基础，所以越来越多的人才愿意留在这里。

有段时间，阿里地区出现很多蒙面人，有几次蒙面人趁专员不在，进到了家里。专员家属向孔书记汇报了这个情况。汉藏两族干部知道后都很害怕。那时候安秘书长调走了，书记是阿里地委班子里面唯一一个汉族援藏干部，都说蒙面人是冲着书记来的。我也很害怕，跟书记说：“晚上你睡吧，我不睡觉了，我抱着枪，守着你。”书记说没事，让我好好睡觉。但是我睡不安稳，晚上就抱着枪坐到家门口。即便在这种危机四伏的境遇下，书记也从没请过半天假。

1994年春，阿里地区发生大雪灾，书记第一时间带着工作组下乡，挨家挨户走访。救灾他没让我去，第一，为了让我在家安心学习，备考军校；第二，让我在家里当好接线员，保持通信畅通。

救灾回来以后，我给他整理笔记时，看到了他在革吉县亚热区（今革吉县亚热乡）写下的遗书，我就说：“怎么还写这东西呢？”他说：“当时我觉得挺不过去了。”我赶紧制止他：“呸呸呸，不要说这些。”书记还说：“我在岗巴从马上摔下来，伤得很严重。在拉萨，我的车和拖拉机撞上了，把眼睛摔坏了。在阿里，我感觉是不是也得出一次事呀？”我说：“不可能，绝对不能说这个。你以后就别下乡了。”“不下乡是不可能的，”他说，“咱干工作能不去吗？”孔书记殉职之后，我觉得这封信像提前写好的遗书一样，想起来就很心痛。

雪灾以后，孔书记把收集的第一手资料做成了片子。1994年7月，孔书记去北京开西藏工作座谈会，结束之后，他没有立刻回西藏，而是留下来去各个部委申请对阿里的援助。我印象最深的是去国家计划委员会（现国家发改委）那一次。阿里太偏远了，中央部委普遍对这个地方没什么印象，部级领导的工作也特别忙碌，孔书记跑了三四趟，都没见上主任的面。最后我们在大门口等，看见主任的车回来了，就上去拦车。孔书记说：“主任，请给我五分钟时间汇报！”主任说：“好，就五分钟。”但实际上，主任把半小时的片子从头到尾看完了。片子里，书记骑着马，啃着干粮、烧饼、糌粑，就着雪吃。雪地上散落着大片大片的牛羊尸体，老百姓衣不蔽体、颠沛流离。主任看完就流泪了，他说："我们国家还真有这样的地方吗？我们国家还真有这样的地委书记吗？你放心！我们计划委员会给阿里拨款！"阿里的救灾款就是这样争取到的。

在北京待了20多天，我们天天在路边的小店吃饭，一顿饭二三十块钱。最后我终于忍不了了，跟书记"抗议"："都快走了，咱进个川菜馆吃个鱼香肉丝行吗？"好多人觉得难以置信，但真实的他就是这样，生活节俭到了苛刻的程度。后来电影《孔繁森》里有这个情节，我军校的同学看了电影都流泪了，问我："你怎么不哭？"其实作为亲历者，我觉得电影呈现得很有限，真实的细节比电影更感人。

自古忠孝难两全。孔书记是个孝子，他跟我聊天，经常流露出对老母亲的思念。1994年春节，孔书记叫阿里地委、行署班子成员到家里来一起吃饭，他喝了点儿酒，那晚是我第一次看见他落泪。他太想老母亲了，可离家这么远，没法回家和老母亲一块儿过春节，连电话都打不通。那次去北京争取完救灾款，孔书记终于有机会回聊城看望老母亲。当时天气很热，大家都劝他回市区住，楼房条件好一点，至少能洗个澡。他坚决不回去，就要在五里墩村老家的平房里陪着母亲，用轮椅推着她在村头纳凉，给她梳头、擦澡。

孔书记对工作的热情、对老母亲的孝心，都给我留下了极为深刻的印象。有人说，书记去世之后才出名。其实，书记在世的时候就处处展现了楷模的风范，体现了优秀共产党员的品质。凡是真正和他接触过的人，对他都是有口皆碑。

甘为人梯

记得我刚到阿里的时候，看见寸草不生、荒无人烟的环境，一度有点消沉，原有的志向也被磨平了。庆幸的是，我遇到了孔书记，在他的影响下，我振作起来，开始为考军校而努力。

为了我考学的事，孔书记用心良苦。他曾经建议我去参加公安招民警的考试，我坚决不去，还倔强地表示："我就是要考军校，这是我的理想，考不上就复员回家。"好多地委的同志看到我和书记闹别扭，都不太理解。安七一秘书长也劝我，可以先去公安部门上班，再由地方送我去公安大学读书。我不同意，一门心思要考军校，就这么倔。

我现在很后悔，不该惹书记生气。当时不懂事，动不动就跟他犟嘴，让他操了很多心。他对我就像慈父对孩子一样，既有精神上的引领，也有生活上的关爱。我复习的时候，他给我买补品、找资料，甚至帮我做饭、洗衣服。1994 年我去拉萨考试，书记去陪考，天天早起给我做饭。考场离住的地方有两三公里路，孔书记就陪我步行过去，每次考试他都在考场外面等着我。

在孔书记的支持和帮助下，最终我考上了西安武警技术学院。我走的时候和书记在济南分别，我去西安，他回西藏。书记在马鞍山路老干部活动中心和几个山东干部话别，让孔杰送我去火车站。去的路上我一直在哭，心里有一种冲动，不想去上军校了，想和他一起回西藏。我觉得只要能和他在一起，再艰苦的环境也不算什么。上火车的时候我眼睛都哭红了，周围人都在看我。

在军校我特别想念他。我去了两个月，每个月五六十块钱的津贴，全用来给他打电话了。他两个月连续给我写了两封信，让我印象最深刻的一句话就是：鱼和熊掌不能兼得。我那时年轻，心性浮躁，一会儿想追求这个，一会儿想追求那个。他专门写下这句话，让我学会知足常乐。

那时候我想，以后我有了工作，有了钱，我要给书记买衣服，因为他生活得太艰苦了，内衣上都是大窟窿小窟窿的。就是这么简单的愿望，最终都没有达成。

一生怀念

我是在军校接到书记去世的消息的。那天下午自由活动，我一个同学一手拿着信、一手拿着电报回到宿舍，他说："小梁子呀，你一定要沉住气。"我说："啥事沉住气？"我同学没说话，我看到他手里的电报，以为家里面出事了，很着急地说："赶紧给我！"

抓过来电报，我看了好几遍，怎么也不敢相信自己的眼睛。我想书记出事家里面得知道呀，就赶紧给王姨打电话。王姨还挺高兴呢，说："小梁，今年寒假上聊城来吧，你孔叔今年要回聊城过春节呢！"我说："好好好。"给王姨打完电话我觉得安心了一点，但是又觉得电报不可能开玩笑，就赶紧往孔书记阿里的家打电话。

电话一直不通，我反复打了很多遍，最后是达娃书记接的，我说："我是小梁。"达娃书记哭着跟我说："小梁呀，孔书记不在了，孔书记出事了，走了。"

我听到之后，坐在电话亭的角落，半天回不过神来。因为种种原因，我没能去见书记最后一面。我没想到在马鞍山路上的分别竟是我们的永别。大三的时候，我奶奶也去世了，这是我长这么大最痛苦的两件事，失去了两个最重要的亲人。

虽然我和书记只相处了不到两年，感情却很深厚，不是父子胜似父子。上军校这几年，春节我都是在聊城过的。毕业以后，我没有回西藏，是因为王姨说："你上山东来吧。"接触书记之前，我对山东没有概念，只在课本上学到山东青岛、烟台、曲阜这几个地名。认识书记以后，我才真正感受到山东人的仗义、厚道和热情，也认识了他的家乡聊城，一个不算太大却很美丽的城市。书记一家人对我都很好，我对山东很有感情。书记不在以后，我心里空落落的，选择到山东工作，像是寻找一个心灵的归宿。我爱人老家也是聊城的，第一次见面我就觉得很亲切，后来的结合也是顺其自然、水到渠成。因为孔书记，我和这片土地结下了难分难舍的缘分。

书记教会了我很多为人处世之道。比如说，出门在外要有社会公德心。现在我开车看见路上有块石头，绝对会下车把它搬走。为什么？因为我见过书记这样做。又比如，对待工作一定要服从组织安排。我曾经被分到多民族群众杂居地区的派出所当所长，地理位置相对偏僻，工作难度比较大。我本心其实是比较为难的，但既然组织安排了，就要服从调配。于是我去了，在那踏踏实实干了六年。书记说过："在艰苦的地方工作，能力可以得到更大的提升。"我一直谨记这句话。

跟随孔书记的时候，我年纪还小，没有想过自己未来也会走上领导岗位。当我站到派出所所长的位置上去开展工作，回想孔书记当年是怎么发展经济、怎么增强班子凝聚力、怎么用心用情和群众交流的，就觉得自己学到了很多。当时，我把所里的队伍带得很团结、人际关系处理得很恰当，这都是跟书记学的。我从没见书记跟谁红过脸、吵过架。春节他把班子成员叫到家里来，亲自下厨做菜，一起喝喝酒，这样就把平时的隔阂矛盾全都化解了，一般的领导谁能做到这点呢？我在他身边耳濡目染，真的是很有感触。另外，辖区的老百姓有什么事，我们一定会想办法处理好。在我任所长期间，辖区从来没有出现因为工作处理不好而上访的案子。"严格按照要求做工作，力所能及办得了的好好办，办不了的给人家讲清楚。"书记以前就是这么教我的。虽然我和书记没法比，但也在自己的岗位上努力践行孔繁森精神。

我现在还经常梦到孔书记，虽然二十多年过去了，但是他的音容笑貌在我脑海里依然非常清晰。聊城建了孔繁森同志纪念馆以后，我每年都去，也是内心的一种寄托吧。他要是在的话就好了，我还想周末陪他钓个鱼，有空陪他喝杯酒，晚上陪他出去散散步……可惜，这些永远实现不了了。

谆谆如父语 殷殷似友亲

口述人：唐明万，曾担任孔繁森在阿里地区工作时期的公务员

采访组：刘建国 赵亮亮 郜雪梅

采访日期：2019 年 3 月 6 日

采访地点：重庆

当时只道是寻常

回想起来，孔书记对我来说就像哥们儿一样亲切。我说话没大没小，他从来不计较。他批评我，我跟他嬉皮笑脸的，他也不生气。

有时候，他对我又像父亲般慈爱。我是从农村出来的，那时候只有十八九岁，还是个毛孩子。很多东西我连见都没见过，他就手把手地教我。

孔书记是一个爱干净的人。即便是很旧的衬衣，穿之前也要

熨一下。他很讲究，虽然衣服的质量一般，比如裤子也就30块钱一条，但都很整洁干净。他出去的时候，总会整理一下衣服，戴上礼帽，形象干净利索。他对我们说："出席会议等正式场合，看一个人讲不讲究，第一个看他的头发脏不脏，第二个看他的鞋干不干净。"这是他的原话。他自己始终就是那样，衣服干干净净，人也干干净净。

孔书记平易近人，喜欢和我们开玩笑。那时候，有个女同学和我关系比较好，经常给我写信。不知怎么，让孔书记知道了。他就拿了一封信，捂着寄信人的名字，故意逗我："小唐，谁又给你来信了?"我就抢，但是他个子高、胳膊长，我个子矮，抢不到。我抱着他，说："给我嘛，给我嘛。"他一直套我话："我从地委办公室给你拿来的。这谁呀，叫什么名字，怎么个情况?"我假装说："不认识。"第二天，我说："你不给我，我想办法偷回来。"但是，不知道他把信藏在了哪个地方，我怎么也找不到。他被我逗得直乐，把信拿出来说："这不是你的，是别人的信。"说得我特别不好意思。

孔书记是一个节俭的人。每次请别人吃饭，不管跟上级领导、普通干部，还是跟老乡、朋友，都是包饺子，人家也不好拒绝。我说："书记你请客每次都是饺子，什么菜也没有，你这么大领导，也太寒酸了。"他说："你小子懂个啥，咱们的经济不宽裕，你要懂得勤俭节约。"我心里想，他确实太难了。我帮他领过几次工资，虽然他一个月补贴当时有五百多，但是他负担真的很重。他每次下乡的时候见老百姓困难就掏钱帮他们。他还要照顾收养的孤儿，也需要花不少钱。所以，一个月下来工资都不够维持基本生活，有时候还要东拼西凑地去借。

孔书记又是一个慷慨的人。他看不得别人受委屈，也不沾别人一点光。人家来看他，拿点茶叶之类的小东西，他就要买瓶酒还回去，还的礼比人家送的礼还贵，经常倒贴。他这种性格，兜里基本留不住钱。那时候都是用现金，没有银行卡。我们给他洗衣服，发现口袋里最多也就是一两百块钱。有人说，他是书记，不用带钱。这种说法是不符合实际的。在阿里大家都很穷，不带钱是没法买东西的，就算他是地委书记，也不可能有什么特殊待遇。

这些场景，当时觉得都是再普通不过的日常。现在回想起来，既珍贵又心酸，却再也回不去了。

严管厚爱皆真情

记得有一天孔书记请客，照例还是包饺子。我正在揉面，听到外面有人敲门。书记看我手上都是面，就自己去开门，一看是个藏族妇女带着孩子来乞讨。当时地委行署没有院子，谁都可以进。这个妇女说着藏语，意思是给点东西。我把手擦了一下，随便拿了个罐头给她。书记看她背着一个孩子，手里还牵着一个孩子，特别是牵着的那个看上去也就两岁多，可怜巴巴的，就嘟囔我："只拿一个罐头，你小子怎么这么财迷，多拿几个来。"说话之间，书记已经从口袋里掏出了十块钱给她。这就是孔书记，心地善良，见不得别人受苦。

之后我就去菜市场买韭菜，确切地说也不算菜市场，就是路边摊。一看时间过了，什么菜也没有了，我就问小贩哪里有卖的。他说，"只有一个地方有，看你能不能去？看守所有一个小温棚，他们估计不卖给你"。我走到那里，还没开口，人家就说："我们这里不卖菜，你走吧。"我好说歹说，人家才卖给我三斤韭菜。我回到家，书记一看这个菜挺新鲜挺好，就问："菜哪来的？"我说："从看守所那边买来的。"书记说："你小子给钱了吗？"我说："给了。"书记说："你好好说，说实话，给没给？"我说："真给了。"书记还不放心，又说："没给的话在我这里拿点钱过去。"我说："给了，真给了。"这就是孔书记，不但自己清正廉洁，也要求我们不能拿别人的东西，这对我起到很重要的教育作用。

孔书记是慈爱的，也是严格的，对待收养的两个孤儿也是这样。那时书记很忙，出差的时候就把孩子送到我那里。他交代说："我得出门几天，你一定要好好照顾他们。"我那时候年纪也小，有时候就不耐烦地说："他们不听话，我就揍他们。"书记说："你敢！"我说："哼，要你管。"

两个孩子正是调皮的年纪，有时候闹得我头都大了。书记希望他们好好学习，出人头地，对我说："作业你要监督好。"我说："我自己都不会，还监督他们?!"我就是喜欢跟书记犟嘴，实际上辅导他们还是挺上心的，只要自己会的就教给他们，他们学得也很认真。两兄妹在一起爱捣蛋，我让他俩分两个房间写作业，然后从窗户边上偷偷监督。

看到曲印在房间里这边跳一下，那里摸一下，就是不好好写作业，本子上全是空白，我急了，就轻手轻脚地进去，在他肩膀上拍了一下。他吓了一大跳，哭了起来。我说："又没打你，就轻轻拍你一下，你哭啥?"想想平时孔书记自己一个人照顾这两个孩子的学习和生活，真是难为他了。

曲印皮起来谁的话都不听，只听孔爷爷的话。有一次他在外面惹事了，我问："怎么回事，你是不是先打别人的?"他说："我没有，是他们先打我的。"我说："你毕竟是孔书记收养的，自己要注意一下，不要攀比，不要跟别人产生矛盾。"曲印哭得很伤心，我说："你一定要好好学习，要出人头地，这也是孔书记的期望。"现在他的工作、家庭都挺好，我想孔书记如果知道也会很欣慰的。

心底无私天地宽

孔书记青年时期在济南军区警卫营服过役，有很深的部队情结，部队有什么困难，他总是能解决的解决，能支持的支持。不管是军分区战士还是武警官兵，孔书记对他们都是一视同仁地好，从来不会因为他们家庭贫穷或富裕、家是城里的还是农村的来区别对待。他对战士好，战士也对他好。

有一次去拉萨开会，我们途经措勤中队，去看望战士们。那天很冷，零下 40 多度的天气，我们穿着大棉衣，风从单薄的裤子里往上灌，冻得人瑟瑟发抖，但孔书记坚持要去。中队长年纪不大，对孔书记态度有点冷淡，那表情好像是说，“领导没安排，你突然上我这里来，有什么事，是不是来找麻烦的?”我说：“孔书记，干脆咱别进去了。人家又不是很热情，咱去干什么。”孔书记看了我一眼，让我别多嘴。他进屋以后，我说道：“这是咱们阿里的地委书记，来看你们了。”战士们都不认识他，也不怎么热情。我说：“书记咱们回吧！”他说不行，就开始给战士们做工作。中队长怀疑这真是地委书记吗？我说肯定是。后来孔书记和每个战士握手，挨个战士问家里有没有困难，是哪的人呀，态度非常和蔼，问得非常细致。到改则也是一样，他不先去县委县政府，而是第一时间到部队慰问官兵。他有很执着的部队情结，不管你对我好不好，我反正对你好，态度永远是这样热忱。

孔书记常常在别人有困难的时候施以援手，他对阿里的老百姓也是这样的。他下乡前的第一件事，就是把药箱里的药品清点一遍，从来不忘把药箱背上。下乡回来，药箱就空了，药都发给老百姓了。长年累月都是如此。

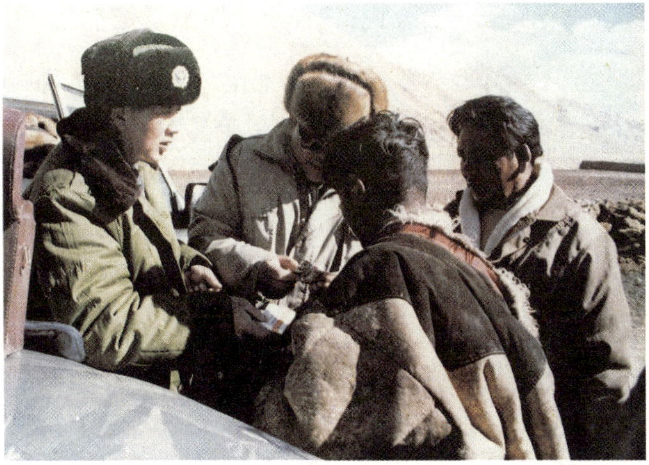
孔繁森（左一）在下乡途中给农牧民诊病、发药

那时候阿里物资很匮乏，他的药有一部分是部队上支援的，大部分还是孔书记自己去买。他的钱就这样花出去了，本来就不多的工资，不是捐了，就是花在别人身上了。他这种无私奉献的精神，不畏艰难乐于助人的工作作风，特别值得我们大家学习。

只留清白在人间

那是他去世前不久，我跟他去措勤县出差。我觉得措勤太荒凉了，非闹着要提前回去。他想让我多待几天，说：“你回去干什么？”我说：“打扫屋子。”他说：“好！你走吧，回去把房间收拾好。”我就坐车走了。现在想起来，自己真是太孩子气了。

家里的客厅既要接待客人，还得当厨房。做饭的炉子边上、旁边墙上有深黄色油渍，很难打扫。我又擦又刮，怎么也弄不干净。书记回来一看，说：“你小子偷懒了是不是？让我来。”其实他也擦不干净，我就取笑他。他也不生气，我俩一边斗嘴一边干活。我们之间没什么上下级的界限感，家务活他有时候还跟我抢着干。

他去新疆头天晚上，收拾衣服的时候跟我说：“小唐，你看好家，我要出去很久。”那天我感觉不对劲，他平时出差，一去半个月，从来不唠叨，这次走怎么这么啰唆。我说：“你不是经常出差吗，给我说这个干什么？”

启程那天，我起得很早，送他们上车。我提前帮他把东西搬到车上。他走在前面，我在后面跟着，他回头看了我一眼，又说了句，“你在家里面，好好看家”。

我万万没有想到，他这一去就没能再回来。11 月 30 号，行署秘书长王玉昌和几个干部到家里来了，我当时还没反应过来怎么回事。他们说，孔书记出了车祸，不在了，他们来商量怎么处理后事。看着他们严肃的表情，我感觉心里一下子凉了，一直凉到脚下。我浑身像完全失去力气了一样，闭着眼睛坐在沙发上，感觉失去了自己最亲近的人。我不能相信，孔书记这么好的人，为什么会出这样的事。

那几天，很多人往家里面打电话。出于阿里地区的反恐保密需求，领导要求对外暂时不要宣扬。我整个人是蒙的，一闭上眼孔书记的样子就浮现出来，泪止不住地往下淌。

最后收拾遗物的时候，是地委行署办公室通知我去的，说让我把家里的门打开，看一看书记的遗物都有什么东西，办公用品单位收回，私人物品寄回老家。

办公室工作人员对桌椅、茶几等进行登记。茶几已经掉漆老化了，床也很旧了，电视已经完全过时了。登记之后我仔细看了一下，说实话，有的东西按现在的眼光来看，早就应该被淘汰了。咱们普通老百姓可能都看不上这些东西，但孔书记作为一个地委书记依然在用，他过得实在太穷了。

公家的东西登记完了之后，就登记私人物品。他所有的家当，最值钱的是部队上发的那几件呢子料衣服。最后整理出来的遗物就是几罐咖啡、一些衣服、掉漆的瓷盆子、破得全是小洞的毛巾。孔书记生前特别爱干净，这些东西虽然很破旧，但是都干干净净的。有几件衣服已经完全老化、变色了，由于洗的次数太多，都起了球。

我又想起刚为他服务的时候，我不会熨衣服。他手把手地教我：把毛巾用水打湿后，铺在衣服上面，慢慢地熨。还细心地叮嘱我："你下一次就照着我这样做，小心别烫着……"那像父亲、像朋友一样关心我的人，我再也见不到了。

以美济心　用爱守护

口述人：张焰，知名画家，曾任《西藏青年报》记者

采访组：刘建国　赵亮亮　杜静博

采访日期：2019 年 4 月 27 日

采访地点：北京

以影会友

1992 年，我从四川省文化厅到西藏参与《西藏艺术全集》的编辑工作，后来在郭金龙、胡春华等同期援藏同志的建议下，去了自治区团委下属的《西藏青年报》做摄影记者。我喜欢绘画，报社经常有下乡的机会，我在为报社拍摄照片的同时，还可以收集很多绘画素材。所以，这对于我来说，是一份理想的工作。

那时，正是血气方刚的年纪，身在异乡，我内心有着强烈的创作欲望。在西藏的五年，我把自己对大自然和艺术的热爱都倾注于摄影和绘画，获得了非凡的体验。在这个过程中，孔书记作

为领导和长辈，对我的成长有重要影响。

我和孔书记相识，是他在拉萨担任副市长期间。那时援藏干部经常聚，我陪着朋友给孔书记送采访稿，发现孔书记也喜欢摄影，渐渐地，我们共同语言多起来。他拍了很多照片，当时冲洗彩色照片价格昂贵，黑白照片可以自己冲洗。我就在他家里辟了很小一块地方，动手做了个独立的小暗房，方便在家冲洗照片。我和孔书记的友谊就是这样逐步建立的。

有一次，山东省委书记陈建国带队来拉萨慰问孔书记。孔书记对我说："你带着照相机，我家人来了，你拍照。"我住在设计院的房子里，孔书记接着我去宾馆。我问孔书记，怎么不住家里，住宾馆呢？他说："人多，人多。"开始我还以为是孔书记的妻子和孩子来了，一去才知道，全是山东的领导同志，是来慰问他的。他把这些领导同志视为家人。我当时拍了很多照片，后来都作为文物征集上去了。

穿越高原

1994 年 1 月春节前，孔书记从阿里打来电话，问我在哪里过春节。我说可能就在拉萨过。他问我想不想来阿里，我当然想去，只是我不知道怎么去。当时没有公交车，孔书记就安排我搭边防部队运蔬菜的车来。

1994 年的雪下得特别大，新疆叶城到阿里的路也封了。阿里边防部队没有蔬菜，只能派车去拉萨拉菜。可拉萨也没菜，只好从青海格尔木运到拉萨，再返回阿里。从格尔木到拉萨上千公里，从拉萨到阿里又是上千公里。阿里军分区派出来的十二辆车，在拉萨装了满满的蔬菜。返回阿里途中，路过很多村、镇，都没有宾馆、招待所，只有兵站可以住宿。一辆车上两名驾驶员在高原大雪天慢慢轮流开，基本都是到晚上十二点才到一个兵站。这行程足足走了七天，过程十分艰难。等到了阿里，上面的蔬菜冻得梆硬，下面又捂又热，卸下来之后只剩中间一层的还能吃，整理后勉强装了四五辆车，其他的都变质了，只能丢掉。

途中要穿越五六百公里的无人区，那里天气状况多变，经常会在短短的时间内遍历春夏秋冬。一场暴雨，就可能把路冲毁。一辆车开不到阿里，都是两辆三辆，因为第一辆车抛锚以后，后面的车还能跟上。路上有很多小河都是没有桥的，只能涉水而过。

我就这样长途跋涉到了孔书记家里。当时他正在输液。我问他："怎么回事，要不要紧?"他说："没关系，小事。"平时我们经常打电话，这次能在阿里见到，彼此都很高兴。他说："你赶紧上楼看看我拍的照片，主要拍的是风景和人文。在拉萨拍和在阿里拍，地域不一样，风土人情也不一样。"

当时孔书记状态不是很好，没在拉萨时有精神，我想可能是因为阿里缺氧，而且他晚上睡得晚。我说："你不能睡这么晚，对身体不好。"他说："要写东西，很多时候也睡不着，这里海拔高，缺氧。”我说：“吸氧呀！”他说：“吸氧也不行。”我说：“那怎么办?”他说：“没办法，工作嘛。”

孔书记拿出很多照片和我交流。他说，阿里这个地方自然环境非常好，风土人情很特别，拍照片很容易出彩。我说：“那我们看看有没有时间去拍照。”他说：“要去的，等忙过了这段时间。”

孔书记非常忙，一起拍照的计划始终未能成行。回想起来，实在是很遗憾。

雪地遇险

1994 年春节，农历的大年初一是藏历新年的大年三十，两个节日只相差一天，汉族和藏族都过节，自然是很热闹。但越到过节，孔书记越忙。我和他一起开会、一起出行，倍感他工作和生活的不易。

一月份是最冷的时候，从狮泉河到古格王朝遗址，也就两百多公里的路程，但我永生难忘。

我是在阿里军分区住了几天才去的古格王朝遗址。出发前一天下午，孔书记把过节发的年货——一只卤鸡给了我，说：“你到古格王朝遗址那边就没吃的了。这儿还有一些罐头和生活用品，还有一双羊毛靴子，你都带上。你穿的鞋，到那边不行的。”

当时我感到了孔书记对我深深的关爱，心里特别温暖。孔书记派了牵引车，一是送我去古格王朝遗址，二是送蔬菜到札达县。从狮泉河去札达县，早上10点钟出发，书记亲自送我到车上。我和两名驾驶员同行，虽然只有两百多公里的路程，但是由于雪非常大，车只能像推土机一样，很慢很慢地往前挪。我们没有移动电话，孔书记只能给兵站打电话，问我们到没到。得知从早上10点出发，晚上12点还没到，孔书记就急了，立即给札达县边防营的营长说："人不能出事，一定要找到他们！"

其实他说这话时，我们已经出车祸了。当时我们正在翻山，但雪太大了，看不到路，我们只能顺着电线杆走。左边是悬崖，还不能靠左边走。我们的车靠右边太近，一不小心侧翻了。当时海拔5000多米，我们的车虽然有牵引，但是车身太重，陷在雪地里出不来。

冒着零下20多度的严寒，我们都拿起了铁锹铲雪。一开始还不知道车的后面放一沓一沓的手套干什么，后来我才知道是铲雪时用的。铲不了多少，手套就黏在铁锹把上了，松开，再套个手套接着铲，手都冻得失去知觉了。

当时，我们三个人的生命全靠车的发动机的热量维系。车是双油箱，去之前，军分区的刘司令员专门对驾驶员说，把两个油箱都加满，跑几个来回都不成问题。其实，就是怕中间出什么事情，结果防不胜防。

天气冷，我的长胡子上都结了冰。我一碰，胡子都断了，眉毛也是。车前面的玻璃结满了霜，我趴在方向盘上，车只能靠发动机提供热量，但又不能把窗户关严，两边开个小缝。我冻得失去了意识，还出现了幻觉。再后来我觉得很热，脱掉了大衣和毛衣，头上全是汗水，像洗桑拿一样。这其实已经是典型的失温症状，身体对外界温度的感受已经紊乱了。过了一会儿，又瞬间感觉到刺骨的寒冷。我一动，发现汗水已经在衣服上结成了小冰块。两名驾驶员一看情况不对，就用大衣把我紧紧裹住，这样我才慢慢醒了过来。

在这个过程中，孔书记一直在跟札达县边防营的营长沟通，让他们赶紧出发，尽快搜救。第二天天亮了，部队官兵终于找到我们，车已经快被厚厚的雪完全掩埋了。后来知道孔书记一晚上没睡，一直在等电话。他们刨开雪，看到我们状态尚可，就赶紧给孔书记回电话。

没有孔书记，我可能就没命了。是孔书记用他的真心守护着我。那年的雪实在太大了，我被封在札达县整整一个多月，拍了很多照片。回来后，阿里的行署专员对我说："查了一下，你是西藏自治区第一个大雪封山后去古格王朝遗址的记者。"那可是鸟都飞不进去的地方，我居然去了，这真是职业生涯中一段极为难忘的经历。

后来，我就回拉萨了。最后一次见孔书记，是在1994年的七八月份，他来拉萨出差，带着两个孤儿到我画室，说，"给你拿了两筒咖啡，铁筒的”。我一般画画是从晚上画到凌晨，然后就睡不着了。别人喝咖啡提神，我喝了咖啡反而能睡着。孔书记知道这一点，专门给我带了两筒。没想到，一筒没喝完，另外一筒还没开，就接到了孔书记去世的噩耗。

丹青告慰

我和孔书记是很好的朋友，之前我承诺给孔书记画一幅画。孔书记说：“好呀，你画什么都可以，我都要。”但是，还没画，孔书记就走了。

一直以来，我觉得无论如何都要兑现这个承诺。书记去世之后，我终于完成了这幅画，画的是书记看望一位藏族老阿妈的情景，从起笔到完成，大概用了半年。这个场景并不是我亲眼看到的，而是根据其他见证者的描述。

画中，老阿妈手关节膝关节都是变形的，她疼痛难忍，孔书记撕开膏药，轻轻地为她贴上，以减轻她的痛苦。绘画作品不像文学作品那样描述得非常清晰，更多的是通过视觉传达信息。我没有画书记开会或者见很多人的场景，而是将绘画融入生活，所塑造的书记的形象并不是高高在上的、要被人仰望的，而是深入群众的、贴近百姓的。

张焰以孔繁森事迹为题材创作的油画，现为孔繁森同志纪念馆馆藏

有人说这个老阿妈怎么这么苍老，但你去西藏能见到很多这样的老人。我想传达的是，从生活的细节来感知孔书记这一主体。所以，我用的调子相对凝重，能更丰富地展现孔书记的内心和老阿妈的期待。我觉得这个场景最能诠释我心中的孔繁森。对于阿里老百姓来说，他就像救苦救难的菩萨一样，为老百姓解决了很多困难。所以，我没有选择宏大的场面去歌颂他，而是选择了一个比较日常的、细微的切口去表现他和老百姓相处的点点滴滴。

勤政务实好书记

口述人：阿旺赤来，曾任阿里地区普兰县公安局局长

采访组：刘建国　洪亚彬　李菲

采访日期：2016 年 8 月 20 日

采访地点：普兰县赤德三村

深入一线

我和孔书记是 1993 年认识的，那时他是阿里地委书记，我是普兰县公安局局长。孔书记不是那种坐在办公室里高高在上、只听下属汇报的领导，而是经常深入一线，和基层干部心贴心地交流工作，所以我们由衷地爱戴他、尊敬他。

那时的条件没有现在好，从地区到县里路程要三四天，他在途中也不休息，随时都在关注抗灾准备工作①，关心其他各项工作的进度。他生活艰苦朴素，来到县里对于食宿条件务求简单，

① 编者注：阿里地区冬季经常发生雪灾，因此每年要提前做好抗灾准备工作。

从不贪恋物质享受。和县里干部们开完会，他就到 6 个乡、36 个村各处走访，掌握老百姓生活各方面的情况。对一些生活困难、体弱多病的老人，他会专门带着药箱，给他们看病、发药，有时还会掏自己的钱给他们。

普兰县冬季气候恶劣，交通不便。还记得我陪他下乡，都是骑马去牧区，雪下大了，堆得很高，没有挖土机、推土机，只能人工除雪。即便是这样困难的条件，也没有挡住孔书记走访的脚步。

重任在肩

那时候，我们边防的主要任务之一是与达赖集团的分裂行为进行斗争，我们这里是第一道防线。

记得孔书记专门来找我了解边境的情况，我们会去单独的房间，研究隐蔽斗争方面的问题。他向我询问普兰边境治安情况怎样、做了哪些工作、今后的工作安排，等等。还叮嘱我，普兰地处中国与印度、尼泊尔三国交界处，必须抓好维稳工作。他说，万一被钻空子的话，很危险，特别是稳定局势方面，要做好重点人口管理，正确对待和落实相关政策；要高度重视达赖破坏行径，特别是情报工作要做好，扎扎实实开展隐蔽斗争。这些都是他单独对我说的，不是在公开场合说的。

他认为阿里七个边境县里最重要的就是普兰和札达，这两个地方出事情，其他县都会受影响。他说："我提前把工作布置一下，你让干警等工作人员必须安排好，特别是边境县、村里必须加强隐蔽斗争，一定不能出问题，不然没法对自治区交代。”

他就是这样严谨和务实，工作抓得非常紧。他经常去县里的公安边检站点了解情况。冬天雪太大了，去不成，他就去村里走访，一再叮嘱我们，不能放松，务必提高警惕。在他的领导下，地委行署交办的工作，我们县都做得很完备，公检法、武警边防工作也开展得井然有序，各方面都没出过什么大问题。

守土尽责

孔书记对各项工作都抓得很严格、很细致、很全面，特别是涉及群众生活困难的问题，如果领导班子哪里做得不好，哪项工

孔繁森（左二）去普兰县调研途中

作做得不到位，他都要求及时整改，迅速推进。

他对党员干部的要求尤其高，从县级到区级干部，一级抓一级，层层抓落实。比如他会专门去民政部门了解分管领导的工作进展怎么样，老百姓求医问药的难题解决得怎么样，干部们平时有没有下乡，给老百姓做了哪些实际工作，等等。

他做工作很有前瞻性，比如要解决教育问题，他会先去了解该校学生的入学率，在深入调查研究的基础上科学谋划，这一切都是为了阿里全面、长远的发展。

所以我认为，孔书记去世对阿里来说是很大的损失。失去了这样一位好书记，失去了一位全心全意为人民服务的好领导，我们心里有说不出的痛苦。

可亲可敬　亦师亦友

口述人：刘全安，曾任阿里军分区后勤教员

采访组：刘建国　李菲

采访日期：2020 年 7 月 29 日

采访地点：孔繁森同志纪念馆

“你要做个红管家”

1992 年，我从军校毕业，被分到阿里军分区。至今还记得和孔书记第一次见面的情景。那是 1993 年春天，我在连队里正带着战士巡逻，看到路边有车辆停下了，就过去检查，工作人员说这是刚调来的阿里地委书记。我上前向孔书记汇报工作，说明自己正在执行巡逻任务，又和他聊了几句。得知他是山东人，还是聊城的，我们互相留了联系方式。

我起初在边防连，后来因工作能力突出，被抽调到阿里军分区后勤部任后勤教员。当时我和孔书记隔了三个办公室，他是阿里军分区党委第一书记，有时会在军分区住下来。平时孔书记很忙，他有空的时候在走廊里喊我，我听见了就过去跟他聊会儿天。

印象中，孔书记平易近人、和蔼可亲。在距离家乡那么远的地方能碰见老乡，工作之余和他聊天我觉得很亲切。他是地委书记、高级领导，我那时候军校刚毕业，实习期还没结束呢，但孔书记在我面前没有一点官架子，跟我聊家乡的事、部队的事，说的都是实实在在的话。

他说："你管后勤一定要廉洁，不沾一分钱，不贪一粒米，做个红管家。"从他的角度来看，我既是军分区的后勤干部，也是一个刚走上工作岗位的小老乡。作为领导，也作为前辈，他生怕我走弯路，所以耐心地教育我。

他激励我坚守阿里十三年

阿里地区面积很大，平均三平方公里才有一个人，很多路都是盘山路，水经常从山上冲下来，路刚修好就被冲垮了，几乎是年年修年年坏。但在这么恶劣的自然环境下，孔书记还是经常下乡，因为只有下乡才能知道老百姓的具体情况，了解路况怎么样，怎么搞投资建设。

孔书记有冲凉水澡的习惯。但阿里地区最低温度可达零下 40 多度，屋里生着炉子都不管用，再好的身体也有扛不住的时候。

阿里地广人稀，有时开着越野车一天也看不到一户人家。图为孔繁森（左二）与同事在调研途中

一个周末，我去办公室找他。看到小梁在楼下，我问他孔书记呢，他说领导在上面输液，我说怎么了，小梁说：“感冒了。”我立马上楼去，上去后看见孔书记正在那里输液。我说：“你怎么感冒了？”他说：“你别告诉别人。我下去考察时，碰见一个老阿妈住在透风的帐篷里，我看她冻得受不了，就把衣服脱下来给她了。这个事儿别声张，你知道就行了，我没事儿，又不是其他病。”

20多年过去了，回想起和孔书记相处的日子，依然有很多细节让我感动不已。他时刻把阿里的老百姓放在心上，那种和蔼可亲的态度让我深受感动。记得有一次，我去地委找他，我们刚走出办公楼，就看见路上一辆小轿车把一位藏族老阿妈撞了。孔书记说：“快，快，出车祸了，我们抓紧去看看。”我们把老阿妈扶起来，问她受伤了吗，阿妈说没事，但是胳膊擦破皮了，有外伤。孔书记不放心，又叫来相关的人员，叮咛嘱咐了一番。看到老阿妈确实没事了，我们才离开。

当时我才 23 岁，孔书记对我像对孩子一样，经常教育我、开导我。我后来在阿里一共待了 13 年，很大程度上是受到孔书记的影响。

在阿里工作，不仅要扛得住自然环境的恶劣，还要扛得住心理上的孤独。我刚从军校分过去的时候，还能打篮球，后来调到后勤部，部长严厉地批评了我一顿，说："你身体再好，也不能打篮球。"因为在阿里地区，就算人躺着不动，平均心跳也得每分钟 110 次，一走路就喘，快了就受不了。在阿里工作，成了家之后，我很难顾家，也照顾不了孩子。高原生活对健康的损伤是永久性的，我刚转业的时候做体检没有一项是合格的，现在过了十几年，虽然各项指标改善了很多，但身体抵抗力还是很差，感冒一次至少两个月才能好。每当我想到孔书记无私奉献的胸怀和境界，就觉得自己经历的这些也不算什么。他的精神始终激励着我前行。

附一　本书口述人群像

口述人从左至右：

安七一　陈　军　倪惠康　麻富省　刘成俊　肖达娃　王玉昌　党宗莲　任建春
李玉建　王惠生　班登群培　柴腾虎　靳树绩　嘎玛坚参　楚成平措　次成南木达
刘京府　吴志强　米玛次仁　王伟民　李兴国　侯炳坤　段翔鸿　梁福兴　唐明万
张　焰　阿旺赤来　刘全安

附二　孔繁森精神教学基地简介

孔繁森精神教学基地位于孔繁森同志的家乡——聊城市东昌府区堂邑镇五里墩村，是山东省委组织部2019年以来重点推进打造的四个党性教育基地之一。基地以打造全国一流党性教育基地和全国首个援藏、援疆、援青等援派干部教育基地为目标，总建筑面积4.2万平方米，分教学和生活两个功能区。教学区以“为民寄清风”为主题，建筑面积1.7万平方米，包括教学楼、大礼堂、会议交流中心等；生活区以“家园育英模”为主题，建筑面

孔繁森精神教学基地正门

积2.5万平方米，包括餐厅、学员宿舍楼、体育馆、室内外活动场所等。可同时容纳600人培训、400人住宿。基地自2021年7月启用以来，坚持以习近平新时代中国特色社会主义思想为指引，多元开发孔繁森精神主题特色课程，吸引了青海、西藏等民族地区干部以及山东省委党校、山东省民委等省内党员干部前来培训学习。

基地生活区　云泽湖

孔繁森精神教学基地以弘扬孔繁森精神为主题，充分挖掘聊城红色文化资源；以孔繁森同志纪念馆、孔繁森同志在莘县事迹陈列馆（马西林场）、中共鲁西北地委旧址纪念馆、中共山东省委重建纪念馆、中共冀鲁豫（平原）分局旧址、鲁西第一个党支部纪念馆、刘邓大军强渡黄河战役纪念馆、山东东阿阿胶股份有限公司、杜立芝党代表工作室、“鲁西小寿光”茌平区贾寨镇耿店村等10个

现场教学点为支撑，以马本斋烈士陵园、临清三和集团、东昌府区检察院“白云热线”等现场教学基地为依托，积极开发“孔繁森精神”“铸牢中华民族共同体意识”特色课程体系及精品培训项目，构建“1+10+N”党性教育新格局，打造党性教育“聊城样板”，筑建党性教育新高地。

基地教学区　多功能厅礼堂

孔繁森精神教学基地坚持“内强外联”的发展思路，不断优化师资库建设。在练好内功，激发内部活力的同时，积极联合外部优秀教学资源，邀请中央、省、市委党校和中央民族大学、中央民族干部学院、山东大学等国内知名高校及研究机构的专家学者授课，推动先进模范人物、优秀党员领导干部上讲台，形成了一支结构合理、素质优良、经验丰富的专兼职师资队伍，为教育培训工作提供了优良的师资保障。

孔繁森精神教学基地将在习近平新时代中国特色社会主义思想的指引下，始终牢记党的宗旨，扛起时代重任，坚守和弘扬伟大建党精神，奋力谱写宣传孔繁森精神的新篇章，努力成为孔繁森精神起而行之的实践者，让楷模的时代精神、红色传统的基因、民族团结的火种、历史文化的遗产代代传承。

后记　沿着孔繁森的足迹

王　巍

为了人民的幸福而奋斗的事业，无疑是崇高的事业；为了人民的美好生活而拼搏的人生，无疑是不平凡的一生。党员领导干部的楷模、民族团结进步的典范孔繁森，就是这样一个人。他信念坚定、为民务实、清正廉洁、敢于担当，一生都在追求崇高事业，在无数人心中树立起无愧于党、无愧于人民、无愧于时代的精神丰碑，感动并激励着我们不断前行。

孔繁森时刻不忘自己是党的人，一切听从党的安排。他先后两次进藏，舍家离子，告别老母，在雪域高原奋斗了十个春秋。为了西藏的经济发展、民族团结和人民群众生活的改善，他殚精竭虑，呕心沥血，忘我工作，直至献出宝贵的生命。2021 年 9 月，孔繁森精神被纳入中国共产党人精神谱系第一批伟大精神，成为共和国的集体记忆，彪炳史册。孔繁森同志是聊城人民的骄傲，山东人民的骄傲，更是中国共产党人的自豪！

为了更好地传承与弘扬孔繁森精神，2013 年 9 月，“口述孔繁森访谈项目”正式启动。沿着孔繁森的足迹，我们慢慢读懂了孔繁森。通过采访，我们更加深入、详细地了解了孔繁森的事迹，弥补了原有资料的不足，厘清了事件的来龙去脉，发现了有价值的新线索。采访过程中，被采访人和采访人多次一起泪流满面，我们也一同拥有了很多个第一次：第一次听到闻所未闻的故事，第一次看到了从未见过的照片、资料，第一次那么近距离地去了解孔书记……这些，都为更好地研究、宣传、弘扬孔繁森精神起到了重要作用。

2018 年 6 月 14 日，习近平总书记在山东考察结束时指出：“在党的教育培养下，山东涌现出一大批英雄模范人物和党的好干部，焦裕禄、孔繁森就是其中的杰出代表。……中国千百年来都把修身做人、立身处世，看得非常重要。山东要用这些重要历史文化和革命文化资源来加强干部队伍建设，努力培养更多的好干部。”

为全面贯彻落实习近平总书记考察山东重要讲话精神，

山东省委组织部重点推进打造孔繁森等四个党性教育基地。基地自成立起，就把深入挖掘孔繁森同志的时代精神、典型事迹，开发孔繁森精神特色课程体系和精品培训项目作为重要工作。“口述孔繁森访谈项目”的扎实开展和取得的丰硕成果，也为基地的教学教研及培训工作提供了有力的支撑。

在前期访谈的录音、录像基础上，孔繁森精神教学基地编辑出版《我心中的孔繁森——口述孔繁森采访实录·阿里编》一书，表达对孔繁森同志的敬仰之情和深切怀念。使用口述的方式去呈现孔繁森同志的事迹，相较于传统的记叙方式而言，无疑是微观的。不过，伟大的精神常蕴藏于感人的细节之中，恰如阳光折射于露珠，以“微距”镜头聚焦，才倍显清晰、透彻、细腻之美。基于这些具有原始性、唯一性特征的口述资料，我们逐步整理出结构合理、脉络清晰，可以突出反映孔繁森光辉事迹、充分展现孔繁森崇高精神的文稿，以小见大、由点聚面，还原一个有情有义、有血有肉、可亲可敬的楷模形象，引导读者走近孔繁森、了解孔繁森。

借由受访人筛选、视频访谈、逐字稿整理、编辑润色及资料核实等步骤，孔繁森事迹口述史庄重面世。本着尊重历史、保存资料原貌的原则，针对受访者的记忆与表达特点，根据读者阅读的需求，编者在不改变原意的前提下，对文字进行了适当的技术处理。书中记录的口述人简历为受访者本人提供，标题为编者所加。所配图片一部分出自专业摄影艺术家之手，一部分系文物征集所得。因部分图片年代久远，作者已不可考，未能署名，在此也致以诚挚谢意。并希望图片原作者看到本书后，及时与我们取得联系。

正是因为孔繁森精神在阿里这块神奇的土地上达到了令人仰望的生命高度，所以我们的口述史系列丛书选择了以阿里开篇。未来我们将继续推出拉萨编、岗巴编、山东编、部队编等系列专辑。

在此，深深感谢受访者及其亲属、部队、组织部门对采访工作的大力协助；感谢山东省委组织部、阿里地委组织部、聊城市委组织部、聊城军分区等部门以及车刚等孔繁森事迹亲历者对受访人筛选工作的大力支持；感谢王克玉同志、陈波同志在百忙之中为本书撰写序言与前言；感谢柴腾虎、李玉建、梁福兴等孔繁森身边工作人员对资料核实工作的大力帮助。再次对他们表示最衷心的感谢。

为实现《我心中的孔繁森——口述孔繁森采访实录·阿

里编》的面世，聊城市孔繁森精神教学基地投入大量人力物力，全体采访及编纂人员也付出了巨大努力，但由于掌握资料和水平所限，缺点和错漏在所难免，敬请广大读者批评指正。

（作者系聊城市委党校副校长，市孔繁森精神教学基地服务中心主任、孔繁森同志纪念馆馆长）